45일 완성! 초등 저학년 필수 맞춤법!

가장 쉬운
초등 맞춤법 띄어쓰기
새싹편
하루 한장의 기적

동양북스 콘텐츠기획팀 지음
류덕엽 감수

동양북스

맞춤법 공부를 시작하기 전에

#1 맞춤법과 띄어쓰기는 왜 지켜야 할까요?

여러분은 평소 친구들과 이야기를 할 때나 휴대폰으로 연락을 주고받을 때 어떤 말들을 사용하나요? 아마도 요즘 친구들 사이에서 유행하는 말이나 텔레비전 예능 프로그램에서 나왔던 재미있는 말들을 많이 쓸 거예요. 또, 하고 싶은 말을 빨리 쓰기 위해서 띄어쓰기를 하지 않거나 학교에서 글쓰기를 할 때처럼 맞춤법에 신경 쓰지 않을 때도 많을 거예요.

맞춤법이 조금 틀려도 친구들과 이야기할 때는 별로 불편하지도 않고, 또 맞춤법과 띄어쓰기를 다 지켜서 쓰는 것은 때로 귀찮게 느껴지기도 하죠. 그런데, 어른들은 왜 맞춤법과 띄어쓰기를 잘 지켜야 한다고 강조하시는 걸까요?

그 이유는 바로, 맞춤법과 띄어쓰기는 우리가 말하고 글을 쓸 때 지켜야 하는 약속이기 때문이에요. 초록불, 빨간불 신호에 맞추어 신호등을 건너고 멈추는 것처럼 말하고 글을 쓸 때에도 약속을 지켜야 해요.

#2 맞춤법과 띄어쓰기는 우리말을 사랑하는 방법!

 맞춤법과 띄어쓰기는 우리가 지켜야 할 약속이면서, 우리말을 사랑하는 방법이기도 해요. 만약 모두가 맞춤법과 띄어쓰기를 제대로 하지 않는다면 우리말이 매우 어지러워질 거예요.

 받침을 바르게 쓰고, 띄어쓰기를 정확히 지켜 쓰는 것은 생각만큼 쉽지 않죠. 또, 우리말의 맞춤법과 띄어쓰기는 헷갈리는 것도 많고 틀리기 쉬운 말도 많이 있어서 부담스럽게 느껴질 거예요. 하지만 조금씩 시간을 들여 공부한다면 점점 쉽고 재미있게 느껴질 거예요. 또, 많이 헷갈리는 낱말이라도 낱말의 뜻을 알고 나면 자신감도 생기고 국어 실력도 향상되는 것을 느낄 수 있을 거예요.

 하루에 한 장씩 차근차근 공부하고 하나씩 알아가면서 우리말을 더욱 사랑하고, 더욱 바르게 사용하는 어린이가 되기를 바랍니다.

# 학습 확인표

하루의 공부를 마치면 네모칸에 색을 칠해 보세요. 하루에 한 장씩 꾸준히 노력하다 보면 어느새 맞춤법과 띄어쓰기 실력이 쑥쑥 자라 있을 거예요.

단원		공부 내용
준비 학습		☐ 한글 자모음
		☐ 자음 따라 쓰기
		☐ 모음 따라 쓰기
1장 받침을 바르게 사용해요	1일차	☐ ㄱ 받침
	2일차	☐ ㄴ 받침
	3일차	☐ ㄷ 받침
	4일차	☐ ㄹ, ㅁ 받침
	5일차	☐ ㅂ, ㅅ 받침
	6일차	☐ ㅈ, ㅊ 받침
	7일차	☐ ㅋ, ㅌ, ㅍ 받침
	8일차	☐ ㄲ, ㅆ 받침
	9일차	☐ ㄶ, ㅀ 받침 (겹받침1)
	10일차	☐ ㄺ, ㄼ 받침 (겹받침2)
2장 바르게 소리 내어 읽고 써요	11일차	☐ 된소리로 쓰기 쉬운 낱말
	12일차	☐ ㄱ, ㄷ, ㅂ 받침 뒤의 된소리
	13일차	☐ 사이시옷 뒤의 된소리
	14일차	☐ ㄴ, ㄹ 받침 뒤의 된소리
	15일차	☐ ㅁ, ㅇ 받침 뒤의 된소리
	16일차	☐ ㅐ가 들어 있는 낱말
	17일차	☐ ㅔ가 들어 있는 낱말
	18일차	☐ ㅖ가 들어 있는 낱말

3장 소리가 비슷해서 틀리기 쉬워요	19일차	☐ ㅚ, ㅙ, ㅞ가 들어 있는 낱말
	20일차	☐ ㅢ가 들어 있는 낱말
	21일차	☐ ㅘ가 들어 있는 낱말
	22일차	☐ ㅟ가 들어 있는 낱말
	23일차	☐ ㅝ가 들어 있는 낱말
	24일차	☐ ㅎ 받침이 들어 있는 말
	25일차	☐ '-이에요'와 '-예요'
4장 띄어쓰기로 바른 뜻을 전달해요	26일차	☐ 낱말과 낱말 사이 띄어쓰기
	27일차	☐ 조사 붙여 쓰기 1
	28일차	☐ 조사 붙여 쓰기 2
	29일차	☐ 꾸미는 말 띄어쓰기
	30일차	☐ 단위를 나타내는 말 띄어쓰기
	31일차	☐ 의존 명사 띄어쓰기
	32일차	☐ 이어 주거나 늘어놓는 말 띄어쓰기
	33일차	☐ 성과 이름 붙여 쓰기
	34일차	☐ 조사 '-이다' 붙여 쓰기
	35일차	☐ 문장 부호 띄어쓰기
5장 쓰임새를 구별해서 써요	36일차	☐ '가르치다'와 '가리키다'
	37일차	☐ '날다'와 '나르다'
	38일차	☐ '들르다'와 '들리다'
	39일차	☐ '묻히다'와 '무치다'
	40일차	☐ '반드시'와 '반듯이'
	41일차	☐ '부치다'와 '붙이다'
	42일차	☐ '안'과 '않'
	43일차	☐ '-던'과 '-든'
	44일차	☐ '잊어버리다'와 '잃어버리다'
	45일차	☐ '틀리다'와 '다르다'

차례

맞춤법 공부를 시작하기 전에 • 2
학습 확인표 • 4
이 책의 활용 방법 • 8
준비 학습(한글 자모음 / 자음 따라 쓰기 / 모음 따라 쓰기) • 10

제1장 받침을 바르게 사용해요

1일차 수박이 제일 좋아요 ………………… 14	6일차 시험에서 백 점을 맞았어요 ………… 26
2일차 창문을 닫아 주세요 ………………… 16	7일차 깊은 겨울잠에서 깨어나요 ………… 28
3일차 숟가락을 찾아 주세요 ……………… 18	8일차 매콤하고 맛있는 떡볶이 …………… 30
4일차 차가운 얼음을 먹었어요 …………… 20	9일차 하늘에 구멍이 뚫렸나 봐요 ……… 32
5일차 이를 깨끗이 닦아요 ………………… 22	10일차 넓은 방을 갖고 싶어요 …………… 34
▶▶▶ 확인 학습 …………………………… 24	▶▶▶ 확인 학습 …………………………… 36

한 걸음 더 바르고 고운 말을 사용해요 ………………………………………………… 38

제2장 바르게 소리 내어 읽고 써요

11일차 종이를 구기지 마세요 ……………… 40	14일차 엄마 눈사람 아기 눈사람 ………… 46
12일차 쓰레받기를 제자리에 두세요 ……… 42	15일차 새싹들이 봄비를 반겨요 ………… 48
13일차 비눗방울을 만들자 ………………… 44	▶▶▶ 확인 학습 ………………………… 50

한 걸음 더 생각을 생생하게 나타내요 – 흉내 내는 낱말 ……………………………… 52

제3장 소리가 비슷해서 틀리기 쉬워요

16일차 보글보글 맛있는 김치찌개 ………… 54	20일차 미끄러우니 주의하세요 …………… 62
17일차 쓰레기는 쓰레기통에 버려요 ……… 56	▶▶▶ 확인 학습 ………………………… 64
18일차 차례대로 타세요 …………………… 58	21일차 좌석을 찾아 주세요 ……………… 66
19일차 왠지 좋은 일이 생길 것 같아 …… 60	22일차 복도에서 뛰지 마세요 …………… 68

23일차 생일 선물 고마워요	70
24일차 나는 너를 정말 좋아해	72
25일차 내 꿈은 선생님이에요	74
▶▶▶ 확인 학습	76
한 걸음 더 글이 더 재미있어져요 – 문장 부호	78

제4장 띄어쓰기로 바른 뜻을 전달해요

26일차 용돈이 만 원 있어요	80
27일차 제가 오리를 봤어요	82
28일차 친구야, 너밖에 없어	84
29일차 반짝반짝 작은 별을 보러 가요	86
30일차 꽃 한 송이를 선물해요	88
▶▶▶ 확인 학습	90
31일차 사는 데가 어디예요	92
32일차 사탕과 초콜릿 등을 사요	94
33일차 내 이름은 한그루예요	96
34일차 조그만 선물이에요	98
35일차 나도 마술사가 되고 싶어요	100
▶▶▶ 확인 학습	102
한 걸음 더 수량의 단위를 나타내는 낱말 – 수사	104

제5장 쓰임새를 구별해서 써요

36일차 가르치다 / 가리키다	106
37일차 날다 / 나르다	108
38일차 들르다 / 들리다	110
39일차 묻히다 / 무치다	112
40일차 반드시 / 반듯이	114
▶▶▶ 확인 학습	116
41일차 부치다 / 붙이다	118
42일차 안 / 않	120
43일차 -던 / -든	122
44일차 잊어버리다 / 잃어버리다	124
45일차 틀리다 / 다르다	126
▶▶▶ 확인 학습	128

부록

| 정답 | 132 |
| 맞춤법 놀이 카드 | 139 |

이 책의 활용 방법

★ 하루 한 장으로 맞춤법과 띄어쓰기 공부 OK!

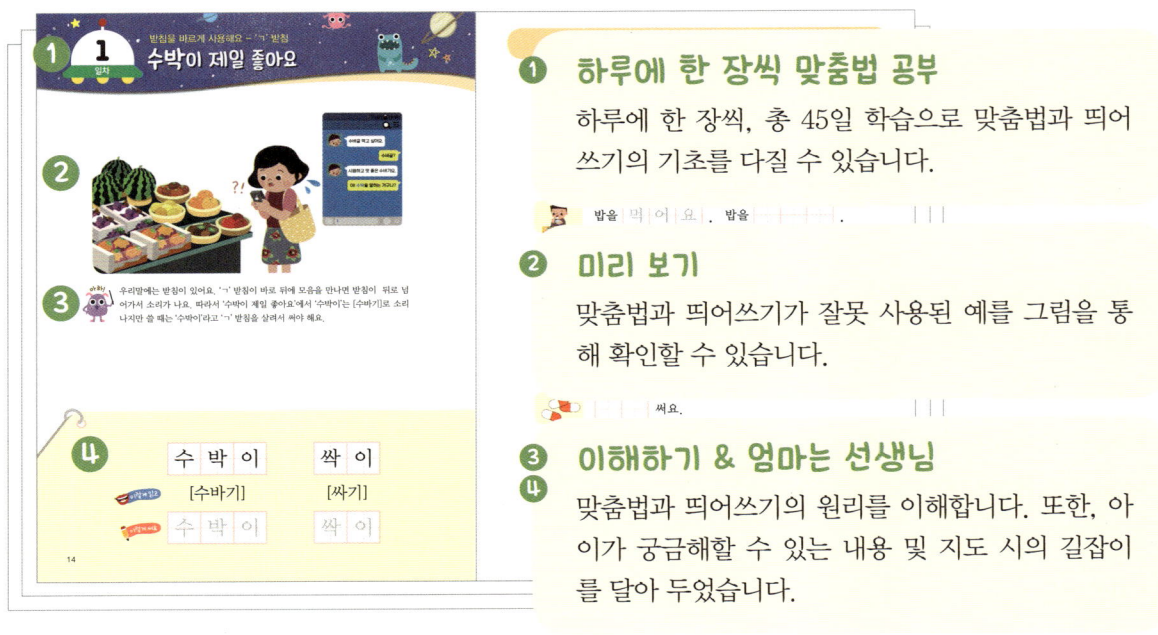

① 하루에 한 장씩 맞춤법 공부
하루에 한 장씩, 총 45일 학습으로 맞춤법과 띄어쓰기의 기초를 다질 수 있습니다.

② 미리 보기
맞춤법과 띄어쓰기가 잘못 사용된 예를 그림을 통해 확인할 수 있습니다.

③ 이해하기 & 엄마는 선생님
④ 맞춤법과 띄어쓰기의 원리를 이해합니다. 또한, 아이가 궁금해할 수 있는 내용 및 지도 시의 길잡이를 달아 두었습니다.

★ 듣고, 따라 쓰며 맞춤법 익히기!

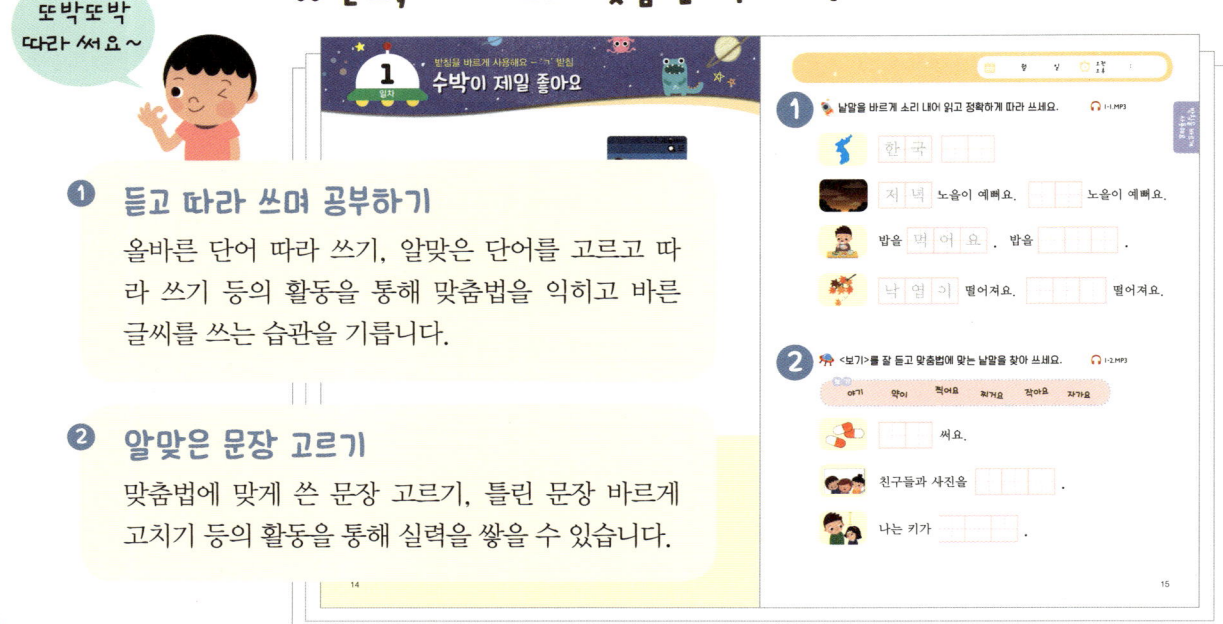

① 듣고 따라 쓰며 공부하기
올바른 단어 따라 쓰기, 알맞은 단어를 고르고 따라 쓰기 등의 활동을 통해 맞춤법을 익히고 바른 글씨를 쓰는 습관을 기릅니다.

② 알맞은 문장 고르기
맞춤법에 맞게 쓴 문장 고르기, 틀린 문장 바르게 고치기 등의 활동을 통해 실력을 쌓을 수 있습니다.

★ 확인 학습으로 맞춤법과 띄어쓰기 완성하기

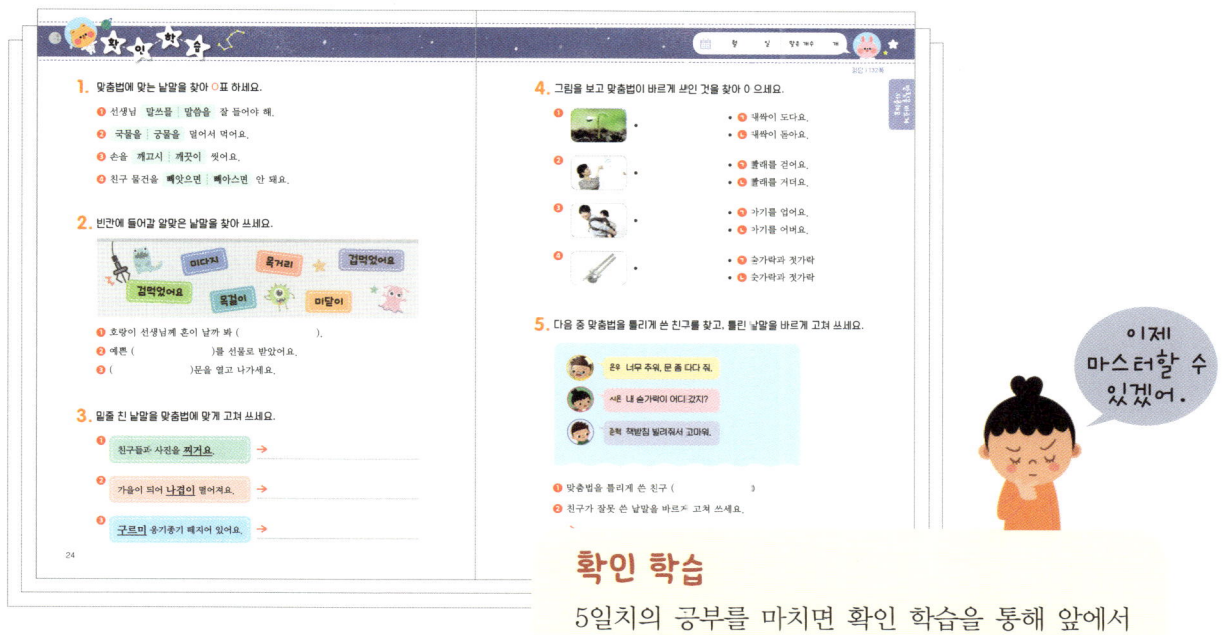

확인 학습
5일치의 공부를 마치면 확인 학습을 통해 앞에서 공부한 내용을 확인하고 복습할 수 있습니다.

★ 부록

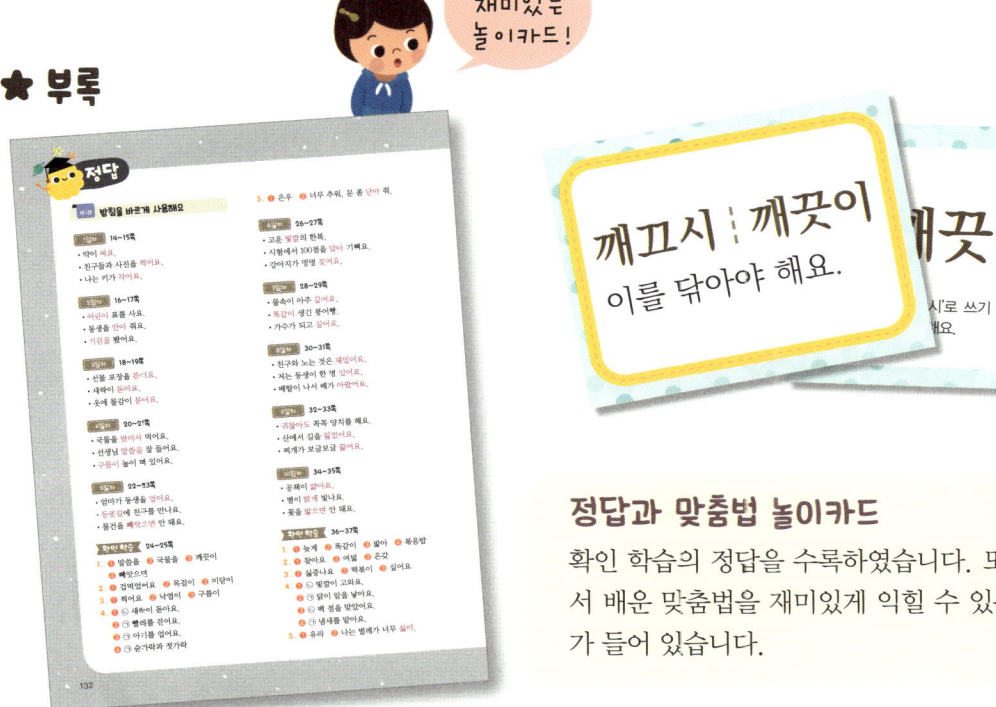

정답과 맞춤법 놀이카드
확인 학습의 정답을 수록하였습니다. 또한 이 책에서 배운 맞춤법을 재미있게 익힐 수 있는 놀이카드가 들어 있습니다.

한글 자모음

★ 자음과 모음의 이름과 쓰임 알기

한글은 자음 14자와, 모음 10자로 이루어져 있고, 각각의 자음과 모음에는 이름이 있어요.

자음의 이름

ㄱ	ㄴ	ㄷ	ㄹ	ㅁ	ㅂ	ㅅ
기역	니은	디귿	리을	미음	비읍	시옷
ㅇ	ㅈ	ㅊ	ㅋ	ㅌ	ㅍ	ㅎ
이응	지읒	치읓	키읔	티읕	피읖	히읗

• 자음의 이름은 모두 두 글자이고, 시작과 받침에 모두 그 자음이 쓰여요.
• 자음에는 '기본 자음'과 기본 자음이 두 개 이상 어우러진 '쌍자음'이 있어요.
• 자음 혼자서는 쓰일 수 없고, 반드시 모음과 만나야만 하나의 글자가 돼요.
• 자음은 글자의 시작과 끝에 모두 쓸 수 있어요. 이때 글자 아래에 붙는 자음을 받침이라고 불러요.

모음의 이름

ㅏ	ㅑ	ㅓ	ㅕ	ㅗ	ㅛ	ㅜ	ㅠ	ㅡ	ㅣ
아	야	어	여	오	요	우	유	으	이

• 모음 앞에 자음 'ㅇ'만 붙이면 바로 그 모음의 이름이 돼요.
• 모음에는 '기본 모음'과 '기본 모음이 어우러진 모음'이 있어요.
• 모음만으로는 글자가 될 수 없어요. 글자가 되려면 반드시 자음이 필요해요.

자음 따라 쓰기

★ 기본 자음의 이름을 소리 내어 읽고 바르게 따라 써 봐요.

ㄱ	ㄴ	ㄷ	ㄹ	ㅁ	ㅂ	ㅅ
기역	니은	디귿	리을	미음	비읍	시옷
ㄱ	ㄴ	ㄷ	ㄹ	ㅁ	ㅂ	ㅅ

ㅇ	ㅈ	ㅊ	ㅋ	ㅌ	ㅍ	ㅎ
이응	지읒	치읓	키읔	티읕	피읖	히읗
ㅇ	ㅈ	ㅊ	ㅋ	ㅌ	ㅍ	ㅎ

★ 쌍자음의 이름을 소리 내어 읽고 바르게 따라 써 봐요.

ㄲ	ㄸ	ㅃ	ㅆ	ㅉ
쌍기역	쌍디귿	쌍비읍	쌍시옷	쌍지읒
ㄲ	ㄸ	ㅃ	ㅆ	ㅉ

- 쌍자음은 5자예요. 쌍자음은 'ㄱ, ㄷ, ㅂ, ㅅ, ㅈ'을 두 개씩 붙여 만든 글자로 앞에 '쌍'을 붙여서 읽어요.
- 쌍자음의 이름을 '끼역', '띠귿', '삐읍'으로 잘못 읽지 않도록 해요.

모음 따라 쓰기

★ 기본 모음의 이름을 소리 내어 읽고 바르게 따라 써 봐요.

ㅏ	ㅑ	ㅓ	ㅕ	ㅗ	ㅛ	ㅜ	ㅠ	ㅡ	ㅣ
아	야	어	여	오	요	우	유	으	이
ㅏ	ㅑ	ㅓ	ㅕ	ㅗ	ㅛ	ㅜ	ㅠ	ㅡ	ㅣ

• 기본 모음은 10자예요.

★ 기본 모음이 어우러진 모음의 이름을 소리 내어 읽고 바르게 따라 써 봐요.

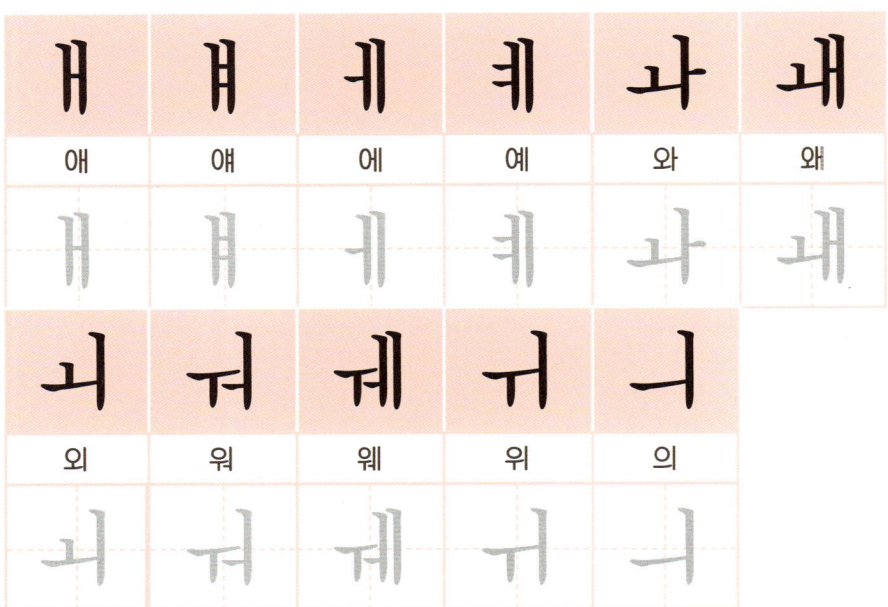

• 기본 모음이 어우러진 모음은 11자예요.

제1장

받침을 바르게 사용해요

1일차	ㄱ 받침	수박이 제일 좋아요
2일차	ㄴ 받침	창문을 닫아 주세요
3일차	ㄷ 받침	숟가락을 찾아 주세요
4일차	ㄹ, ㅁ 받침	차가운 얼음을 먹었어요
5일차	ㅂ, ㅅ 받침	이를 깨끗이 닦아요

>> 확인 학습

6일차	ㅈ, ㅊ 받침	시험에서 백 점을 맞았어요
7일차	ㅋ, ㅌ, ㅍ 받침	깊은 겨울잠에서 깨어나요
8일차	ㄲ, ㅆ 받침	매콤하고 맛있는 떡볶이
9일차	ㄶ, ㅀ 받침	하늘에 구멍이 뚫렸나 봐요
10일차	ㄺ, ㄼ 받침	넓은 방을 갖고 싶어요

>> 확인 학습

>> 한 걸음 더

1 일차

받침을 바르게 사용해요 – 'ㄱ' 받침

수박이 제일 좋아요

우리말에는 받침이 있어요. 'ㄱ' 받침이 바로 뒤에 모음을 만나면 받침이 뒤로 넘어가서 소리가 나요. 따라서 '수박이 제일 좋아요'에서 '수박이'는 [수바기]로 소리 나지만 쓸 때는 '수박이'라고 'ㄱ' 받침을 살려서 써야 해요.

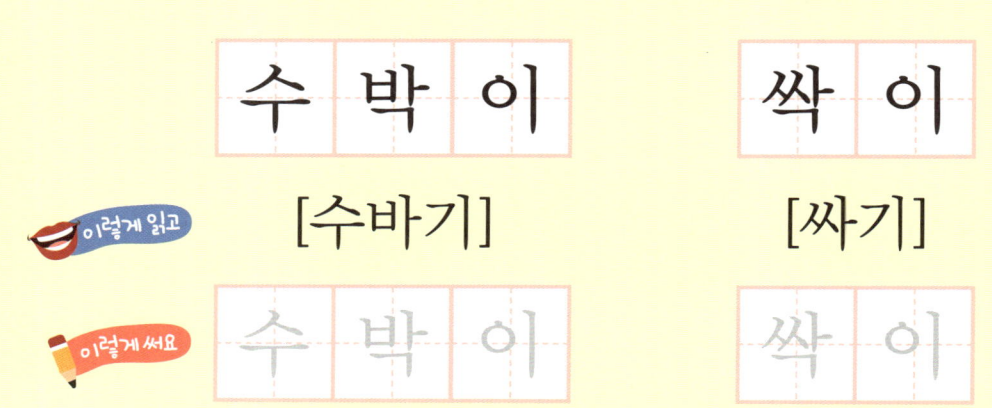

| 수 | 박 | 이 |

[수바기]

| 싹 | 이 |

[싸기]

월   일   오전 오후 :

🚀 낱말을 바르게 소리 내어 읽고 정확하게 따라 쓰세요.   🎧 1-1.MP3

 한국

 저녁 노을이 예뻐요.   □□ 노을이 예뻐요.

 밥을 먹어요.   밥을 □□□.

 낙엽이 떨어져요.   □□□ 떨어져요.

🛸 <보기>를 잘 듣고 맞춤법에 맞는 낱말을 찾아 쓰세요.   🎧 1-2.MP3

> 보기
> 야기   약이   찍어요   찌거요   작아요   자가요

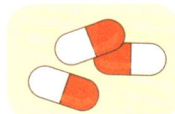 □□ 써요.

 친구들과 사진을 □□□.

 나는 키가 □□□.

15

받침을 바르게 사용해요 – 'ㄴ' 받침

창문을 닫아 주세요

 'ㄴ' 받침이 바로 뒤에 모음을 만나면 받침이 뒤로 넘어가서 소리가 나요. 예를 들어 '돈이, 돈을, 돈에'는 [도니], [도늘], [도네]와 같이 소리 나지만 쓸 때는 'ㄴ' 받침을 살려서 써야 해요.

| 돈 | 을 |

 [도늘]

| 돈 | 을 |

| 장 | 난 | 을 |

[장나늘]

| 장 | 난 | 을 |

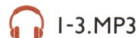 월 일   오전/오후 :

 낱말을 바르게 소리 내어 읽고 정확하게 따라 쓰세요. 🎧 I-3.MP3

 눈

 군인

 창문을 열어요. 　　　 열어요.

 산에 가요. 　　 가요.

 <보기>를 잘 듣고 맞춤법에 맞는 낱말을 찾아 쓰세요. 🎧 I-4.MP3

보기
어리니   어린이   아나   안아   기리늘   기린을

 　　　 표를 사요.

 동생을 　　 줘요.

 　　　 봤어요.

17

받침을 바르게 사용해요 – 'ㄷ' 받침

숟가락을 찾아 주세요

 'ㄷ' 받침이 바로 뒤에 모음을 만나면 받침이 뒤로 넘어가서 소리가 나요. 하지만 뒤에 자음이 올 때에는 때에 따라 소리가 달라지기도 한답니다. 'ㄷ' 받침이 쓰이는 낱말을 알고 바르게 쓸 수 있도록 해요.

맏아들	숟가락	이튿날
[마다들]	[순까락]	[이튼날]

엄마는 선생님!

다 같은 '가락'이지만 '숟가락'은 'ㄷ' 받침을 쓰고, 젓가락은 'ㅅ' 받침을 써요. 숟가락은 '밥 한 술'의 '술'이란 말에 '가락'이 붙어서 생긴 말인데 두 낱말이 만나면서 소리가 바뀌게 된 거랍니다.

🚀 낱말을 바르게 소리 내어 읽고 정확하게 따라 쓰세요. 🎧 I-5.MP3

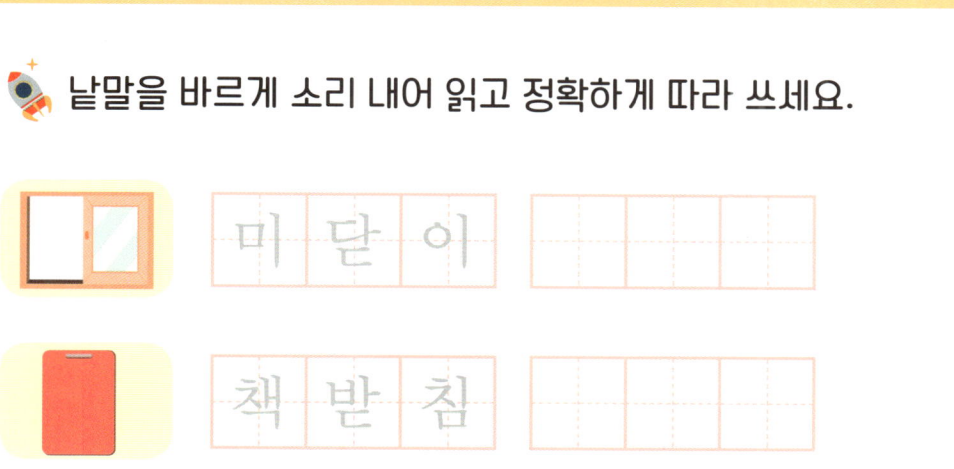

미닫이

책받침

문을 닫아요. 문을 　　　.

빨래를 걷어요. 빨래를 　　　.

🛸 <보기>를 잘 듣고 맞춤법에 맞는 낱말을 찾아 쓰세요. 🎧 I-6.MP3

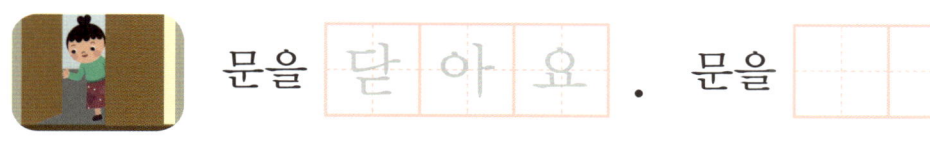

보기: 뜯어요 뜨더요 도다요 돋아요 무더요 묻어요

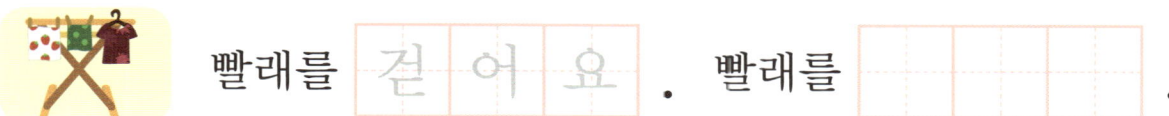

선물 포장을 　　　.

새싹이 　　　.

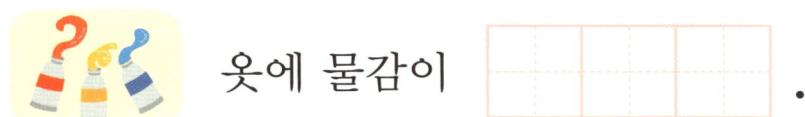

옷에 물감이 　　　.

4 일차

받침을 바르게 사용해요 – 'ㄹ', 'ㅁ' 받침

차가운 얼음을 먹었어요

'얼음'은 [어름]으로 소리가 나고 '참외'는 [차뫼]로 소리가 나요. 이처럼 'ㄹ'과 'ㅁ' 받침이 바로 뒤에 모음을 만나면 받침이 뒤로 넘어가서 소리가 나요. 하지만 쓸 때는 'ㄹ', 'ㅁ' 받침을 살려서 써야 해요.

| 얼 | 음 | | 참 | 외 |

[어름]   [차뫼]

| 얼 | 음 | | 참 | 외 |

 월   일 오전/오후   :

🚀 낱말을 바르게 소리 내어 읽고 정확하게 따라 쓰세요. 🎧 I-7.MP3

 바늘

 목걸이

 놀이터 에 가요.   에 가요.

 곰돌이 가 좋아요.   가 좋아요.

🛸 <보기>를 잘 듣고 맞춤법에 맞는 낱말을 찾아 쓰세요. 🎧 I-8.MP3

보기: 더러서   덜어서   말씀을   말쓰믈   구름이   구르미

 국물을   먹어요.

 선생님   잘 들어요.

   높이 떠 있어요.

받침을 바르게 사용해요 - 'ㅂ', 'ㅅ' 받침

이를 깨끗이 닦아요

'손잡이'가 [손자비], '깨끗이'가 [깨끄시]로 소리 나는 것처럼 'ㅂ'과 'ㅅ' 받침은 뒤에 모음을 만나면 받침이 뒤로 넘어가서 소리가 나요. 그리고 'ㅂ'과 'ㅅ' 받침 뒤에 자음 'ㄱ, ㄷ, ㅂ, ㅅ, ㅈ'이 오면 소리가 세져요. 'ㅂ'과 'ㅅ' 받침이 쓰인 낱말을 바르게 알고 알맞게 쓰도록 해요.

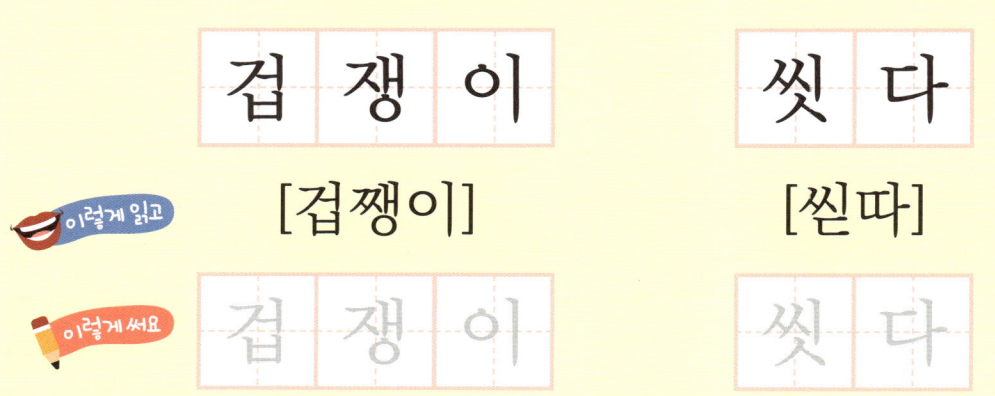

 　월　　일　　오전 / 오후　：

🚀 낱말을 바르게 소리 내어 읽고 정확하게 따라 쓰세요. 🎧 1-9.MP3

 칫솔　　□□

 비빔밥　　□□□

 깨끗이 씻어요.　　□□□ 씻어요.

 방 안이 덥다. 방 안이 □□.

🛸 <보기>를 잘 듣고 맞춤법에 맞는 낱말을 찾아 쓰세요. 🎧 1-10.MP3

보기: 어버요　업어요　등교길　등굣길　빼았으면　빼앗으면

 엄마가 동생을 □□□.

 □□□에 친구를 만나요.

 물건을 □□□□ 안 돼요.

확인학습

1. 맞춤법에 맞는 낱말을 찾아 O표 하세요.

① 선생님 말쓰믈 | 말씀을 잘 들어야 해.

② 국물을 | 궁물을 덜어서 먹어요.

③ 손을 깨끄시 | 깨끗이 씻어요.

④ 친구 물건을 빼앗으면 | 빼아스면 안 돼요.

2. 빈칸에 들어갈 알맞은 낱말을 찾아 쓰세요.

미다지 / 목거리 / 겁먹었어요 / 검먹었어요 / 목걸이 / 미닫이

① 호랑이 선생님께 혼이 날까 봐 (　　　　).

② 예쁜 (　　　　)를 선물로 받았어요.

③ (　　　　)문을 열고 나가세요.

3. 밑줄 친 낱말을 맞춤법에 맞게 고쳐 쓰세요.

① 친구들과 사진을 **찌거요**. →

② 가을이 되어 **나겹이** 떨어져요. →

③ **구르미** 옹기종기 떼지어 있어요. →

4. 그림을 보고 맞춤법이 바르게 쓰인 것을 찾아 이으세요.

①
- ㉠ 새싹이 도다요.
- ㉡ 새싹이 돋아요.

②
- ㉠ 빨래를 걷어요.
- ㉡ 빨래를 거더요.

③
- ㉠ 아기를 업어요.
- ㉡ 아기를 어버요.

④
- ㉠ 숟가락과 젓가락
- ㉡ 숫가락과 젓가락

5. 다음 중 맞춤법을 틀리게 쓴 친구를 찾고, 틀린 낱말을 바르게 고쳐 쓰세요.

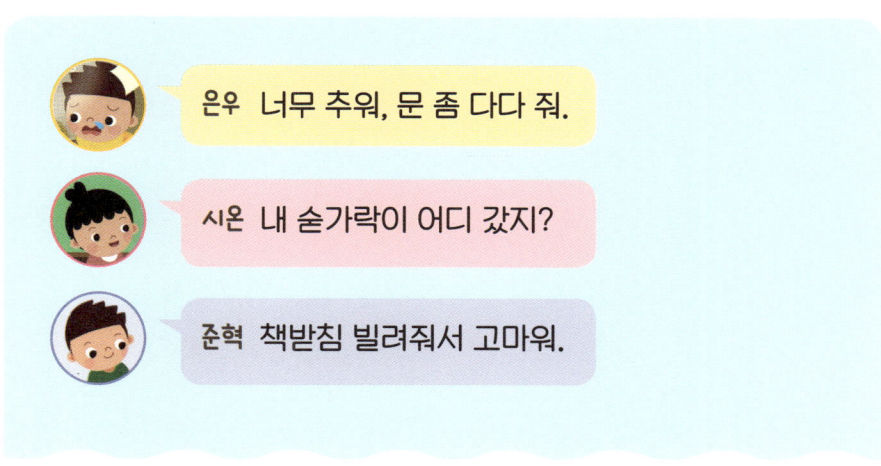

① 맞춤법을 틀리게 쓴 친구 (　　　　　)

② 친구가 잘못 쓴 낱말을 바르게 고쳐 쓰세요.

→

받침을 바르게 사용해요 – 'ㅈ', 'ㅊ' 받침

시험에서 백 점을 맞았어요

'백 점을 맞아요'라는 문장을 읽어 보세요. '맞아요'가 [마자요]처럼 소리 나지요? 'ㅈ', 'ㅊ' 받침이 바로 뒤에 모음을 만나면 받침이 뒤로 넘어가서 소리가 나요. 'ㅈ'과 'ㅊ' 받침은 'ㅅ' 받침과 헷갈리기 쉬우니 잘 기억해 두었다가 바르게 써야 해요.

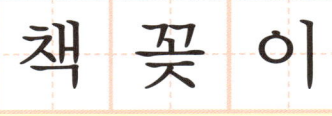 책 꽂 이   쫓 아 요

[책꼬지]   [쪼차요]

책 꽂 이   쫓 아 요

월   일    오전 오후   :

🚀 낱말을 바르게 소리 내어 읽고 정확하게 따라 쓰세요.   🎧 1-11.MP3

 돛단배

 온갖 맛있는 과일   맛있는 과일

 늦게 일어났어요.   일어났어요.

 조약돌을 찾아요. 조약돌을   .

🛸 <보기>를 잘 듣고 맞춤법에 맞는 낱말을 찾아 쓰세요.   🎧 1-12.MP3

보기
빗깔   빛깔   마자   맞아   지저요   짖어요

 고운   의 한복

 시험에서 100점을   기뻐요.

 강아지가 멍멍   .

7 일차

받침을 바르게 사용해요 – 'ㅋ', 'ㅌ', 'ㅍ' 받침

깊은 겨울잠에서 깨어나요

 'ㅋ', 'ㅌ', 'ㅍ' 받침이 바로 뒤에 모음을 만나면 받침이 뒤로 넘어가서 소리가 나요. 예를 들어 '부엌에'는 [부어케], '끝에'는 [끄테]로 소리 나지요. 하지만 쓸 때는 받침을 살려서 써야 해요.

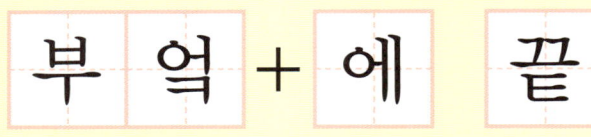

🚀 낱말을 바르게 소리 내어 읽고 정확하게 따라 쓰세요. 🎧 1-13.MP3

 새 벽 녘

 무 릎 이 아파요.　　　　　아파요.

 밭 을 갈아요.　　　　　갈아요.

 꽃향기를 맡 아 요 . 꽃향기를 　　　　　.

🛸 <보기>를 잘 듣고 맞춤법에 맞는 낱말을 찾아 쓰세요. 🎧 1-14.MP3

보기
깊어요　기퍼요　똑가치　똑같이　시퍼요　싶어요

 물속이 아주 　　　　　.

 　　　　　 생긴 붕어빵

 가수가 되고 　　　　　.

8일차

받침을 바르게 사용해요 – 'ㄲ', 'ㅆ' 받침

매콤하고 맛있는 떡볶이

 아하!
'ㄲ'과 'ㅆ' 받침이 바로 뒤에 모음을 만나면 받침이 뒤로 넘어가서 소리가 나요. 'ㄲ'과 'ㅆ'이 들어간 여러 낱말을 알고, 받침을 살려서 정확하게 쓰도록 해요.

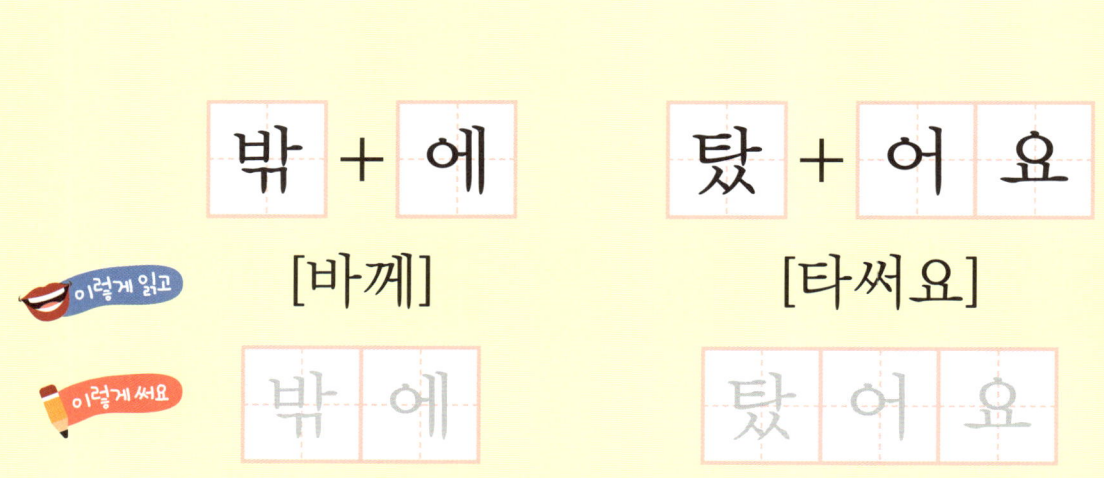

🚀 낱말을 바르게 소리 내어 읽고 정확하게 따라 쓰세요.  1-15.MP3

 연필깎이

 바닥을 닦아요. 바닥을 ____.

 채소를 볶아요. 채소를 ____.

 축구공을 찾아요. 축구공을 ____.

🛸 <보기>를 잘 듣고 맞춤법에 맞는 낱말을 찾아 쓰세요.  1-16.MP3

보기 | 재미써요 재밌어요 이써요 있어요 아파써요 아팠어요

 친구와 노는 것은 ____.

 저는 동생이 한 명 ____.

 배탈이 나서 배가 ____.

9 일차

받침을 바르게 사용해요 – 'ㄶ', 'ㅀ' 받침

하늘에 구멍이 뚫렸나 봐요

 한글 자음에는 두 글자짜리 받침도 있어요. 다른 말로 '겹받침'이라고 해요. 'ㄶ', 'ㅀ'도 겹받침이죠. 겹받침은 뒤에 자음이나 모음이 이어질 때에 뒤의 소리와 합쳐져 소리 나거나 두 받침 중 아예 하나만 소리가 나요. 하지만 쓸 때는 두 받침을 모두 살려서 써야 해요.

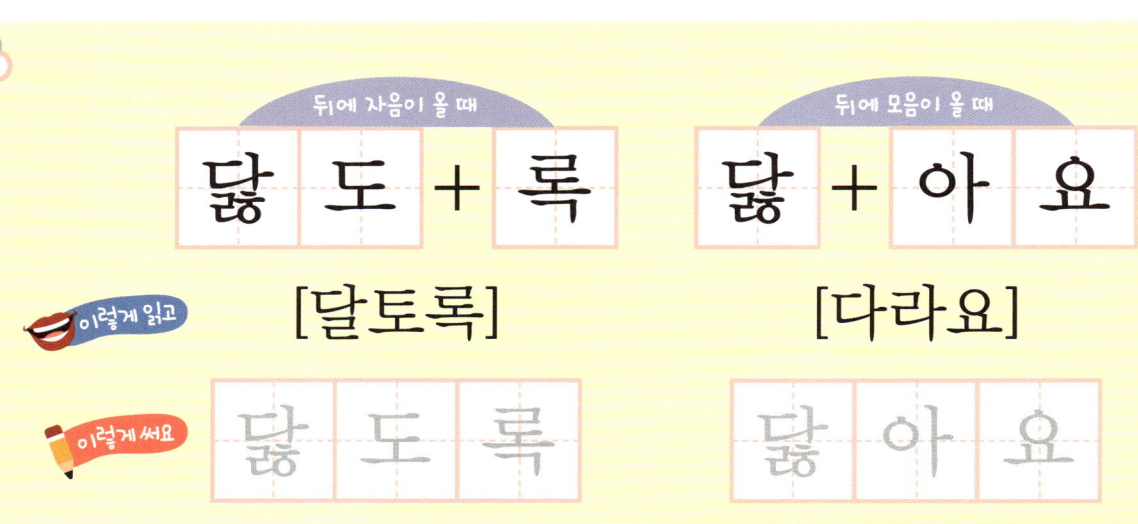

엄마는 선생님!

'ㄶ'과 'ㅀ' 받침 뒤에 'ㄱ, ㄷ, ㅈ' 자음이 오면 뒤 소리의 첫소리와 합쳐져 [ㅋ, ㅌ, ㅊ]으로 발음합니다. 한편, 'ㄶ'과 'ㅀ' 받침 뒤에 모음이 올 때에는 'ㅎ'이 탈락하고 'ㄴ'과 'ㄹ'만이 남아 뒤 소리의 첫소리로 넘어가서 소리가 납니다. 예 자음이 올 때: 끊지요 → [끈치요] / 모음이 올 때: 끓어요 → [끄러요]

낱말을 바르게 소리 내어 읽고 정확하게 따라 쓰세요.

 괜찮아요. ____.

 많이 먹어요. ____ 먹어요.

 구멍을 뚫어요. 구멍을 ____.

 벌레는 싫어요. 벌레는 ____.

 <보기>를 잘 듣고 맞춤법에 맞는 낱말을 찾아 쓰세요.

보기 귀찮아도 귀차나도 잃었어요 일었어요 끄러요 끓어요

 ____ 꼭꼭 양치를 해요.

 산에서 길을 ____.

 찌개가 보글보글 ____.

10일차

받침을 바르게 사용해요 – 'ㄺ', 'ㄼ' 받침

넓은 방을 갖고 싶어요

겹받침 'ㄺ'은 자음과 만나면 'ㄱ'만 소리가 나고, 뒤에 'ㄱ'으로 시작하는 낱말이 오면 'ㄹ'로 소리가 나요. 맑다는 [막따], 맑아요는 [말가요]로 소리 나요.

겹받침 'ㄼ'은 자음 앞에서는 'ㄹ'로 소리 나고, 모음 앞에서는 'ㄹ'과 'ㅂ'이 모두 소리 나요. '짧고'는 [짤꼬], '짧아요'는 [짤바요]로 소리 나요.

엄마는 선생님!

'ㄺ'과 'ㄼ' 받침 뒤에 자음으로 시작하는 말이 오면 두 받침 중 하나만 소리 납니다. 뒤에 모음이 오면 앞 받침은 남고 뒤 받침은 뒤 글자의 첫소리로 넘어가서 소리가 납니다. 때문에 글자의 소리와 모양이 달라지니 이러한 차이점에 유의하여 지도해 주세요.

🚀 낱말을 바르게 소리 내어 읽고 정확하게 따라 쓰세요.  1-19.MP3

 닭

 여덟

 책을 읽어요. 책을　　　　.

 머리가 짧아요. 머리가　　　　.

🛸 <보기>를 잘 듣고 맞춤법에 맞는 낱말을 찾아 쓰세요.  1-20.MP3

보기 얇아요   얄바요   밝게   발게   발브면   밟으면

 공책이　　　　.

 별이　　　 빛나요.

 꽃을　　　 안 돼요.

확인학습

1. 맞춤법에 맞는 낱말을 찾아 O표 하세요.

① 오늘은 [늑게] [늦게] 일어났어요.

② 나와 쌍둥이 동생은 [똑같이] [똑가치] 생겼어요.

③ 모르고 친구 발을 [발바] [밟아] 사과를 했어요.

④ 김치 [볶음밥] [보끔밥] 이 맛있어요.

2. 빈칸에 들어갈 알맞은 낱말을 찾아 쓰세요.

① 방 안에서 열쇠를 (　　　　　).

② 생일 파티에 친구가 (　　　　　) 명이 왔어요.

③ 시장에서 (　　　　　) 과일을 팔고 있어요.

3. 밑줄 친 낱말을 맞춤법에 맞게 고쳐 쓰세요.

① 자꾸 보니 **실쫑나요**. →

② 맛있는 **떡보끼**를 먹었어요. →

③ 저는 영화배우가 되고 **시퍼요**. →

📅 　월　　　일　｜맞은 개수　　　개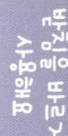

정답 | 132쪽

4. 그림을 보고 맞춤법이 바르게 쓰인 것을 찾아 이으세요.

① 　　　• ㉠ 빗깔이 고와요.
　　　　　　　　　　　　• ㉡ 빛깔이 고와요.

② 　　　• ㉠ 닭이 알을 낳아요.
　　　　　　　　　　　　• ㉡ 닥이 알을 낳아요.

③ 　　　• ㉠ 백 점을 마졌어요.
　　　　　　　　　　　　• ㉡ 백 점을 맞았어요.

④ 　　　• ㉠ 냄새를 맡아요.
　　　　　　　　　　　　• ㉡ 냄새를 마타요.

5. 다음 중 맞춤법을 틀리게 쓴 친구를 찾고, 틀린 낱말을 바르게 고쳐 쓰세요.

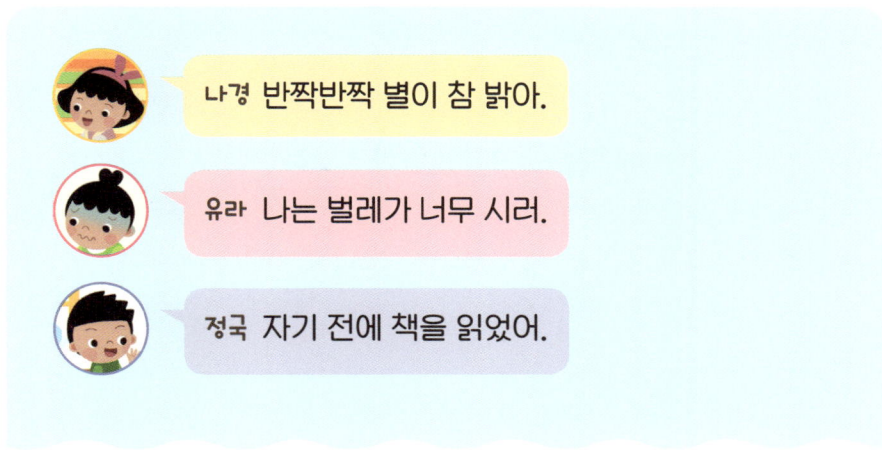

나경 반짝반짝 별이 참 밝아.

유라 나는 벌레가 너무 시러.

정국 자기 전에 책을 읽었어.

❶ 맞춤법을 틀리게 쓴 친구 (　　　　　　)

❷ 친구가 잘못 쓴 낱말을 바르게 고쳐 쓰세요.

　→

바르고 고운 말을 사용해요

우리는 지구에 살고 있는 다른 생명들과 함께 숨쉬며 살아가고 있어요. 그런데 늘 편하게 숨을 쉬다 보니 가끔 깨끗한 공기의 소중함을 잊어버릴 때가 있지요. 잠깐만 숨을 멈추어 보세요. 아마 얼굴이 빨개지고 금세 답답함을 느낄 거예요.

우리의 말과 글도 공기와 마찬가지랍니다. 우리가 말하고 글을 쓸 때 바른 말을 쓰지 않는다면, 마치 더러워진 공기처럼 우리의 말도 오염이 되어 버릴 거예요. 다시 말해, 바른 말을 사용하는 것이 곧 우리말을 소중히 여기는 것이 되는 것이죠.

또한 바른 말을 사용하면 나의 생각을 정확하게 표현할 수 있고, 또 다른 사람과 대화할 때 오해를 줄일 수 있어요. 친구와 핸드폰으로 연락을 주고받을 때 잘못 쓴 말 때문에 오해가 생긴 적은 없나요? 바른 낱말을 알고 표현한다면 서로 오해할 일도 줄어들지요.

우리의 말은 계속 바뀌고 있어요. 사람들이 어떤 말을 쓰는지에 따라 낱말이 새로 생기기도 하고 없어지기도 하고 늘 변화무쌍하답니다. 친구들이 쓰는 고운 말이 앞으로 우리말을 지켜나가는 힘이 될 수 있어요. 우리말을 사랑하고 아끼는 마음으로 늘 바른 말을 사용하도록 노력해야겠습니다.

제2장

바르게 소리 내어 읽고 써요

11일차	**된소리로 쓰기 쉬운 낱말**	종이를 구기지 마세요
12일차	**ㄱ, ㄷ, ㅂ 받침 뒤의 된소리**	쓰레받기를 제자리에 두세요
13일차	**사이시옷 뒤의 된소리**	비눗방울을 만들자
14일차	**ㄴ, ㄹ 받침 뒤의 된소리**	엄마 **눈사람** 아기 눈사람
15일차	**ㅁ, ㅇ 받침 뒤의 된소리**	새싹들이 **봄비**를 반겨요

» 확인 학습
» 한 걸음 더

바르게 소리 내어 읽고 써요 – 된소리로 쓰기 쉬운 낱말

종이를 구기지 마세요

 '힘이 세다'라는 문장을 소리 내어 읽어 보세요. '세다'를 [쎄다]와 같이 읽지는 않았나요? 'ㄱ, ㄷ, ㅂ, ㅅ, ㅈ'은 낱말의 첫소리로 왔을 때에 'ㄲ, ㄸ, ㅃ, ㅆ, ㅉ'으로 읽기 쉬워서 쓸 때도 실수를 할 때가 많아요. 바르게 소리 내어 읽고 쓰도록 해요.

가 시	병 아 리
[가시]	[병아리]
가 시	병 아 리

엄마는 선생님!
입말(구어)에 익숙해 있다가 점차 글말(문어)를 익히게 되는데, 입말이 글말을 방해하게 되어 바르게 쓰는 데 어려움을 겪게 됩니다. 'ㄱ, ㄷ, ㅂ, ㅅ, ㅈ'이 첫소리에 왔을 때는 예사소리로 발음하고 씁니다. 평소 된소리로 발음하기 쉬운 낱말들의 쓰기에 유의하여 지도해 주세요.

월　　　일　　오전/오후　　：

🚀 **낱말을 바르게 소리 내어 읽고 정확하게 따라 쓰세요.**　🎧 2-1.MP3

　고 추　｜□□

　동 그 라 미　｜□□□□

　나비 번 데 기　나비 □□□

　종이를 잘 라 요 .　종이를 □□□□ .

🛸 **<보기>를 잘 듣고 맞춤법에 맞는 낱말을 찾아 쓰세요.**　🎧 2-2.MP3

보기　거꾸로　꺼꾸로　쫌　좀　쑤세미　수세미

　옷을 □□□ 입었어요.

　여기로 □ 와 보세요.

　□□□ 로 그릇을 닦아요.

12일차 쓰레받기를 제자리에 두세요

바르게 소리 내어 읽고 써요 – 'ㄱ', 'ㄷ', 'ㅂ' 받침 뒤의 된소리

 '약국'을 소리 내어 읽어 보세요. [국]이 [꾹]으로 바뀌어 [약꾹]과 같이 읽었을 거예요. 이처럼 'ㄱ', 'ㄷ', 'ㅂ' 받침 뒤에 'ㄱ, ㄷ, ㅂ, ㅅ, ㅈ'이 오면 뒤의 소리가 세지는데 이런 소리를 '된소리'라고 해요. 소리는 세지만 쓸 때는 원래대로 써야 해요.

국수	쓰레받기	몹시
[국쑤]	[쓰레받끼]	[몹씨]
국수	쓰레받기	몹시

엄마는 선생님!
'ㄱ', 'ㄷ', 'ㅂ' 받침 뒤에 'ㄱ, ㄷ, ㅂ, ㅅ, ㅈ'이 올 때에는 보다 소리를 쉽게 내기 위해 'ㄲ, ㄸ, ㅃ, ㅆ, ㅉ'으로 발음이 되는데, 이것을 '된소리되기'라고 합니다.

| 월 | 일 | 오전 오후 : |

 낱말을 바르게 소리 내어 읽고 정확하게 따라 쓰세요. 🎧 2-3.MP3

 깍두기

 목소리

 종이  접시 종이

 창문을  닫다. 창문을   .

 <보기>를 잘 듣고 맞춤법에 맞는 낱말을 찾아 쓰세요. 🎧 2-4.MP3

보기
몹시   몹씨   쏟꼬   쏟고   속삭여요   속싹여요

   떨려요.

 컵 속의 물을   말았어요.

 동생에게   .

43

바르게 소리 내어 읽고 써요 – 사이시옷 뒤의 된소리

비눗방울을 만들자

'비눗방울'을 소리 내어 읽어 보세요. [비누빵울]처럼 소리 나지요? '비누'와 '방울' 두 낱말이 만나면서 앞말에는 'ㅅ' 받침이 생기고, 뒷말은 [빵울]로 소리가 세졌어요. 이렇게 두 낱말이 만날 때 사이에 생기는 'ㅅ'을 '사이시옷'이라고 부르는데, 받침으로 받쳐 써야 해요.

| 냇 가 | 비 눗 방 울 |

이렇게 읽고 [내까]/[낻까]   [비누빵울]/[비눋빵울]

이렇게 써요 냇 가   비 눗 방 울

엄마는 선생님!
두 낱말이 만나 한 낱말이 될 때 앞말이 모음으로 끝나고 뒤에 'ㄱ, ㄷ, ㅂ, ㅅ, ㅈ'이 오면 된소리가 되고, 이때 원래 없던 소리인 'ㅅ'이 덧붙습니다. 이때의 'ㅅ'을 '사이시옷'이라고 하고, 이러한 현상을 '사잇소리 현상'이라고 부릅니다.

📅 　월　　일　⏰ 오전/오후　：

 낱말을 바르게 소리 내어 읽고 정확하게 따라 쓰세요.　🎧 2-5.MP3

　찻 잔　｜　　｜

　나 뭇 가 지　｜　　｜　　｜　　｜

　콧 구 멍 을 파다.　｜　　｜　　｜ 을 파다.

　촛 불 을 끄다.　｜　　｜ 을 끄다.

 <보기>를 잘 듣고 맞춤법에 맞는 낱말을 찾아 쓰세요.　🎧 2-6.MP3

보기 　깃발　기발　뒤다리　뒷다리　비차루　빗자루

　우승 ｜　　｜ 을 흔들어요.

　｜　　｜　　｜ 가 먼저 생겼어요.

　｜　　｜　　｜ 로 방을 쓸어요.

45

14일차

바르게 소리 내어 읽고 써요 – 'ㄴ', 'ㄹ' 받침 뒤의 된소리

엄마 눈사람 아기 눈사람

 '눈사람'을 소리 내어 읽어 보세요. [눈싸람]과 같이 두 번째 글자의 소리가 세졌을 거예요. '눈사람[눈싸람]', '발걸음[발꺼름]'처럼 앞말의 받침이 'ㄴ'과 'ㄹ'일 때는 뒷말의 'ㄱ, ㄷ, ㅂ, ㅅ, ㅈ'이 세게 소리 나요. 하지만 쓸 때는 원래대로 써야 해요.

 엄마는 선생님!
'ㄴ', 'ㄹ' 받침 뒤에 오는 'ㄱ, ㄷ, ㅂ, ㅅ, ㅈ'은 된소리 'ㄲ, ㄸ, ㅃ, ㅆ, ㅉ'으로 발음됩니다.

낱말을 바르게 소리 내어 읽고 정확하게 따라 쓰세요.　🎧 2-7.MP3

 물 감

 개 울 가

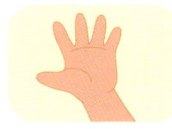 손 바 닥

 신발을 신 다 . 신발을 ☐☐ .

 <보기>를 잘 듣고 맞춤법에 맞는 낱말을 찾아 쓰세요.　🎧 2-8.MP3

보기
발빠닥　발바닥　오솔길　오솔낄　물고기　물꼬기

 ☐☐☐ 이 간지러워요.

 함께 ☐☐☐ 을 걸어요.

 ☐☐☐ 를 잡았어요.

15일차

바르게 소리 내어 읽고 써요 – 'ㅁ', 'ㅇ' 받침 뒤의 된소리

새싹들이 봄비를 반겨요

 '봄비'와 '등불'을 소리 내어 읽으면 [봄삐], [등뿔]과 같이 뒤의 글자가 세게 소리 나요. 'ㅁ'과 'ㅇ' 받침이 있는 글자가 앞에 오면 뒤의 'ㄱ, ㄷ, ㅂ, ㅅ, ㅈ'은 세게 소리 나요. 소리는 바뀌지만 쓸 때는 원래대로 써야 해요.

엄마는 선생님!
'ㅁ', 'ㅇ' 받침 뒤에 오는 'ㄱ, ㄷ, ㅂ, ㅅ, ㅈ'은 된소리 'ㄲ, ㄸ, ㅃ, ㅆ, ㅉ'으로 발음됩니다.

48

낱말을 바르게 소리 내어 읽고 정확하게 따라 쓰세요. 🎧 2-9.MP3

 빵집

 용돈 봉투 　　 봉투

 담벼락

 머리를 감다. 머리를 　　 .

 <보기>를 잘 듣고 맞춤법에 맞는 낱말을 찾아 쓰세요. 🎧 2-10.MP3

| 보기 | 방바닥 　 방빠닥 　 줄넘기 　 줄넘끼 　 남지 　 남찌 |

 　　 을 쓸어요.

 　　 도 잘할 수 있어요.

 물이 　　 않았어요.

확인학습

1. 맞춤법에 맞는 낱말을 찾아 O표 하세요.

   ① 초뿔 | 촛불 을 켜고 기도했어요.

   ② 시골 개울가 | 개울까 에서 놀았어요.

   ③ 큰 목소리 | 목쏘리 로 노래해요.

   ④ 방빠닥 | 방바닥 이 따뜻해요.

2. 빈칸에 들어갈 알맞은 낱말을 찾아 쓰세요.

   ① (　　　　　)을 크게 벌렁거려요.
   ② 종이를 (　　　　　) 버리지 마세요.
   ③ 친구가 나에게 (　　　　　).

3. 밑줄 친 낱말을 맞춤법에 맞게 고쳐 쓰세요.

   ① 누나가 **몹씨** 화가 났어요. →
   ② **발빠닥**에 껌이 붙었어요. →
   ③ **뻔데기**가 나비가 되었어요. →

4. 그림을 보고 맞춤법이 바르게 쓰인 것을 찾아 이으세요.

❶
- ㉠ 똥그라미를 그려요.
- ㉡ 동그라미를 그려요.

❷
- ㉠ 색종이를 잘라요.
- ㉡ 색종이를 짤라요.

❸
- ㉠ 물꼬기를 잡았어요.
- ㉡ 물고기를 잡았어요.

❹
- ㉠ 물깜 놀이를 해요.
- ㉡ 물감 놀이를 해요.

5. 다음 중 맞춤법을 틀리게 쓴 친구를 찾고, 틀린 낱말을 바르게 고쳐 쓰세요.

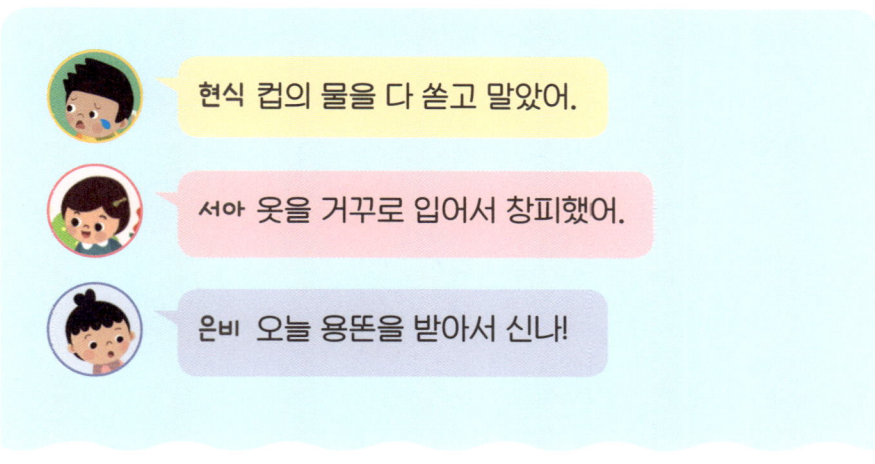

현식 컵의 물을 다 쏟고 말았어.

서아 옷을 거꾸로 입어서 창피했어.

은비 오늘 용똔을 받아서 신나!

❶ 맞춤법을 틀리게 쓴 친구 (　　　　　　)

❷ 친구가 잘못 쓴 낱말을 바르게 고쳐 쓰세요.

→

생각을 생생하게 나타내요 - 흉내 내는 낱말

　지금 한번 귀를 쫑긋 열고 주변의 소리에 귀 기울여 보세요. 어떤 소리가 들리나요? 엄마가 달그락 달그락 설거지를 하시는 소리? 똥땅똥땅 윗집에서 들리는 피아노 소리? 이 밖에도 조금만 귀를 기울이면 주위의 여러 소리가 들릴 거예요. 우리말에는 여러 가지 소리는 물론 다양한 움직임을 흉내 내는 재미있는 말이 많이 있어요. 이러한 흉내 내는 말을 잘 알고 알맞게 쓴다면 말과 글에 맛과 멋이 더해질 거예요.

투둑투둑	빗방울이나 나무 열매 등이 자꾸 떨어지는 소리 예) 소나기가 투둑투둑 떨어지고 있어요.
보삭보삭	마른 물건이 잇따라 가볍게 바스러지는 소리 예) 보삭보삭 소리를 내며 과자를 먹어요.
사그락사그락	눈이 내리거나 눈을 밟을 때 잇따라 나는 소리 예) 사그락사그락 기분 좋은 소리를 내며 눈이 와요.
몰랑몰랑	여기 저기가 야들야들하고 보드랍고 조금 무른 듯한 느낌 예) 몰랑몰랑 액체 괴물을 만지며 놀아요.
대롱대롱	작은 물건이 매달려 가볍게 잇따라 흔들리는 모양 예) 모자 끝에 달린 방울이 대롱대롱 춤을 춰요.
뽀르르	자그마한 사람이나 동물이 부리나케 달려가거나 쫓아가는 모양 예) 아기가 엄마 뒤를 뽀르르 쫓아가요.
나풀나풀	얇은 물체가 바람에 날리어 자꾸 가볍게 움직이는 모양 예) 노랑 나비가 나풀나풀 날아와 앉았어요.
데구루루	약간 크고 단단한 물건이 단단한 바닥에서 구르는 모양 예) 밤나무에서 밤톨이 데구루루 굴러 떨어져요.

제3장
소리가 비슷해서 틀리기 쉬워요

- 16일차 ㅐ가 들어 있는 낱말 | 보글보글 맛있는 김치찌개
- 17일차 ㅔ가 들어 있는 낱말 | 쓰레기는 쓰레기통에 버려요
- 18일차 ㅖ가 들어 있는 낱말 | 차례대로 타세요
- 19일차 ㅚ, ㅙ, ㅞ가 들어 있는 낱말 | 왠지 좋은 일이 생길 것 같아
- 20일차 ㅢ가 들어 있는 낱말 | 미끄러우니 주의하세요
- ≫ 확인 학습

- 21일차 ㅘ가 들어 있는 낱말 | 좌석을 찾아 주세요
- 22일차 ㅟ가 들어 있는 낱말 | 복도에서 뛰지 마세요
- 23일차 ㅝ가 들어 있는 낱말 | 생일 선물 고마워요
- 24일차 ㅎ 받침이 들어 있는 낱말 | 나는 너를 정말 좋아해
- 25일차 '-이에요'와 '-예요' | 내 꿈은 선생님이에요
- ≫ 확인 학습
- ≫ 한 걸음 더

16 일차

소리가 비슷해서 틀리기 쉬워요 – 'ㅐ'가 들어 있는 낱말

보글보글 맛있는 김치찌개

'ㅐ'와 'ㅔ'가 들어가는 낱말은 소리가 비슷해서 틀리기 쉬워요. 그래서 '찌개'는 어른들도 자주 틀린답니다. 식당의 메뉴판에도 '찌게'라고 잘못 쓴 경우가 있는데, 여러분은 '찌개'라고 바르게 쓰도록 해요.

| 김 | 치 | 찌 | 개 | ⭕ 고기와 채소를 넣고 갖은 양념을 한 뒤, 물을 적게 넣어 끓여 먹는 음식은 '찌개'라고 써요.

| 김 | 치 | 찌 | 게 | ❌ '찌게'는 틀린 말이에요. '찌게'가 아니라 '찌개'로 쓴다는 것을 꼭 기억해요.

엄마는 선생님!

'ㅐ'는 'ㅔ'로 발음하는 경우가 많아 맞춤법 실수가 많이 나옵니다. 정확히 발음하며 낱말을 익힐 수 있도록 지도해 주세요. 'ㅔ'는 새끼손가락 하나가 들어갈 정도로만 입을 약간만 벌리고 발음하고, 'ㅐ'는 'ㅔ'보다 입을 크게 벌리고 소리 냅니다.

낱말을 바르게 소리 내어 읽고 정확하게 따라 쓰세요. 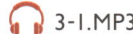 3-1.MP3

 베 개

해요. 자기 □□를 해요.

낱말을 찾아 쓰세요.  3-2.MP3

된장찌개   된장찌게

□□ 약을 먹었어요.

□□ 먹었어요.

소리가 비슷해서 틀리기 쉬워요 – 'ㅔ'가 들어 있는 낱말
쓰레기는 쓰레기통에 버려요

 'ㅐ'와 'ㅔ'가 들어가는 낱말은 소리가 비슷해서 틀리기 쉬워요. 그래서 '쓰레기'도 '쓰래기'로 잘못 쓰는 사람들이 있는데, 여러분은 '쓰레기'로 정확하게 쓰도록 해요.

| 쓰 | 레 | 기 | ⭕

빗자루로 쓸어 낸 먼지나, 못 쓰게 되어 버리는 물건을 나타내는 낱말은 '쓰레기'입니다.
'ㅔ'로 쓴다는 것을 기억하세요.

| 쓰 | 래 | 기 | ❌

'쓰래기'는 틀린 말이에요. '쓰래기'가 아니라 '쓰레기'로 쓴다는 것을 꼭 기억해요.

낱말을 바르게 소리 내어 읽고 정확하게 따라 쓰세요. 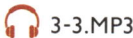 3-3.MP3

 문 제

 헤 어 지 다

 금 세 다 먹었어요. ⬜⬜ 다 먹었어요.

 가방을 메 고 가요. 가방을 ⬜⬜ 가요.

 <보기>를 잘 듣고 맞춤법에 맞는 낱말을 찾아 쓰세요.  3-4.MP3

보기: 행궈요 헹궈요 그런대 그런데 데리고 대리고

 그릇을 ⬜⬜⬜.

 ⬜⬜⬜ 너는 누구니?

 강아지를 ⬜⬜⬜ 산책해요.

가방은 '메는' 것! 신발 끈은 '매는' 것!
메다: 어깨에 걸치거나 올려놓다
매다: 끈이나 줄을 단단히 묶다

18일차

소리가 비슷해서 틀리기 쉬워요 – 'ㅖ'가 들어 있는 낱말

차례대로 타세요

 'ㅖ'는 [ㅖ]와 [ㅔ] 두 가지로 소리 나요. 그래서 'ㅖ'로 써야 하는데도 'ㅔ'로 써서 틀리는 경우가 있어요. 낱말의 모양을 잘 기억해 두었다가 바르게 쓸 수 있도록 해요. 또 '예'와 '례'는 [ㅖ]로만 소리 내야 하는 것도 알아 두어요.

| 차 | 례 |

| 시 | 계 |

 [차례]   [시계]/[시게]

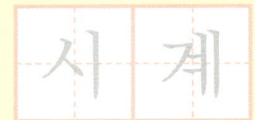

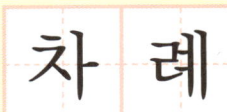
'ㅖ'는 원래 [ㅖ]로 발음해야 하지만 [ㅔ] 발음을 허용하고 있습니다. 하지만 발음을 [ㅔ]로 하더라도 쓸 때는 반드시 'ㅖ'로 적어야 합니다. 'ㅖ'는 '이+에'를 이어서 빠르게 읽으면 비교적 정확한 발음을 할 수 있으니 정확히 발음하며 낱말을 익힐 수 있도록 지도해 주세요.

월 일 오전 오후 :

🚀 낱말을 바르게 소리 내어 읽고 정확하게 따라 쓰세요. 🎧 3-5.MP3

 계곡

 예절

 외계인이에요. 　　이에요.

 계속 기침이 나요. 　　기침이 나요.

🛸 <보기>를 잘 듣고 맞춤법에 맞는 낱말을 찾아 쓰세요. 🎧 3-6.MP3

보기 게세요 계세요 일기예보 일기에보 은헤 은혜

 할머니는 방에 　　　.

 소풍 전날 　　　　를 봐요.

 부모님 　　에 감사해요.

19일차

소리가 비슷해서 틀리기 쉬워요 – 'ㅚ', 'ㅙ', 'ㅞ'가 들어 있는 낱말

왠지 좋은 일이 생길 것 같아

'왜 그런지 모르게'라는 뜻의 낱말은 '왠지'라고 써야 해요. '웬지', '왼지'는 틀립니다. 'ㅚ', 'ㅙ', 'ㅞ'가 들어 있는 낱말은 비슷하게 들리기 때문에 어떤 모음자가 쓰였는지 모양을 잘 확인해야 해요.

| 괴 물 | 왠 지 | 꿰 다 |

 [괴물]/[궤물]   [왠지]   [꿰다]

 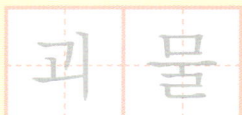  

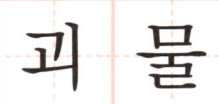
'ㅚ'는 원래 [ㅚ]로 발음해야 하지만 [ㅙ]나 [ㅞ]로도 발음되어 정확한 구별이 어렵습니다. 따라서 낱말의 뜻과 글자의 모양을 잘 익혀서 쓰는 것에 유의하여 지도해 주세요.

낱말을 바르게 소리 내어 읽고 정확하게 따라 쓰세요. 3-7.MP3

 최 고

 스 웨 터

 이게 웬 떡이에요? 이게  떡이에요?

 지각하면 안 돼 요. 지각하면 안    .

 <보기>를 잘 듣고 맞춤법에 맞는 낱말을 찾아 쓰세요. 3-8.MP3

| 보기 | 꾀 | 꽤 | 야왜 | 야외 | 왜냐하면 | 외냐하면 |

 옷이 ☐ 비싸 보여요.

 ☐☐ 에서 공놀이를 해요.

 ☐☐☐ 다쳤기 때문이에요.

'왠지'는 '왜인지'라는 뜻! '웬'은 '어찌 된'이라는 뜻!
예) 오늘은 <u>왠지</u> 기분이 좋아 / <u>웬</u>일이야? 지각을 다 하다니!

20 일차

소리가 비슷해서 틀리기 쉬워요 – 'ㅢ'가 들어 있는 낱말

미끄러우니 주의하세요

'마음에 새겨 두고 조심하다'라는 뜻의 낱말은 '주의'라고 쓰는데 '주위'로 잘못 쓸 때가 있어요. '주위'는 '어떤 곳의 바깥 둘레'라는 뜻이에요. 어떤 모음자가 쓰였는지에 따라 뜻이 달라지므로 그 차이를 알고 바르게 써 보세요.

희 망	주 의	나 의
[희망]	[주의]/[주이]	[나의]/[나에]
희 망	주 의	나 의

엄마는 선생님!
'ㅢ'는 낱말의 첫 글자일 때는 반드시 [ㅢ]로 읽지만, 두 번째 글자 이후부터는 [ㅣ]로 발음하는 것을 허용합니다. 또한, '~의'라는 조사로 쓸 때는 [ㅔ]로도 발음할 수 있기 때문에 헷갈리기 쉽죠. 소리는 [ㅣ]로 내더라도 모양은 'ㅢ'로 쓴다는 것에 유의하여 지도해 주세요.

📅 월   일   🕐 오전 오후 :

🚀 낱말을 바르게 소리 내어 읽고 정확하게 따라 쓰세요.　🎧 3-9.MP3

 의사

 흰 머리

 모자를 씌우다. 모자를 ＿＿＿.

 예의를 지키다. ＿＿를 지키다.

🛸 <보기>를 잘 듣고 맞춤법에 맞는 낱말을 찾아 쓰세요.　🎧 3-10.MP3

보기: 거이 거의 너희 너히 나만에 나만의

 ＿＿ 다 왔어요.

 ＿＿ 형은 몇 살이야?

 ＿＿＿ 비밀 일기를 써요.

확인학습

1. 맞춤법에 맞는 낱말을 찾아 O표 하세요.

   ① 시게 ┊ 시계 가 멈춘 걸 몰랐어요.

   ② 금새 ┊ 금세 다 먹어 버렸어요.

   ③ 일기에보 ┊ 일기예보 에서 비가 온대요.

   ④ 나의 ┊ 나에 꿈은 치킨을 마음껏 먹는 거예요.

2. 빈칸에 들어갈 알맞은 낱말을 찾아 쓰세요.

   ① (　　　　　　)를 지켜 길을 건너요.

   ② 인형에 모자를 (　　　　　　).

   ③ 학교에 안 가요. (　　　　　　) 토요일이기 때문이에요.

3. 밑줄 친 낱말을 맞춤법에 맞게 고쳐 쓰세요.

   ① 그런대 이게 웬 떡이에요? →

   ② 웬지 열이 나고 기침이 나요. →

   ③ 강아지를 대리고 공원을 걸어요. →

정답 | 133쪽

4. 그림을 보고 맞춤법이 바르게 쓰인 것을 찾아 이으세요.

❶
- ㉠ 주의하세요.
- ㉡ 주위하세요.

❷
- ㉠ 그릇을 헹궈요.
- ㉡ 그릇을 헹궈요.

❸
- ㉠ 가방을 매요.
- ㉡ 가방을 메요.

❹
- ㉠ 모래를 쌓아요.
- ㉡ 모레를 쌓아요.

5. 다음 중 맞춤법을 틀리게 쓴 친구를 찾고, 틀린 낱말을 바르게 고쳐 쓰세요.

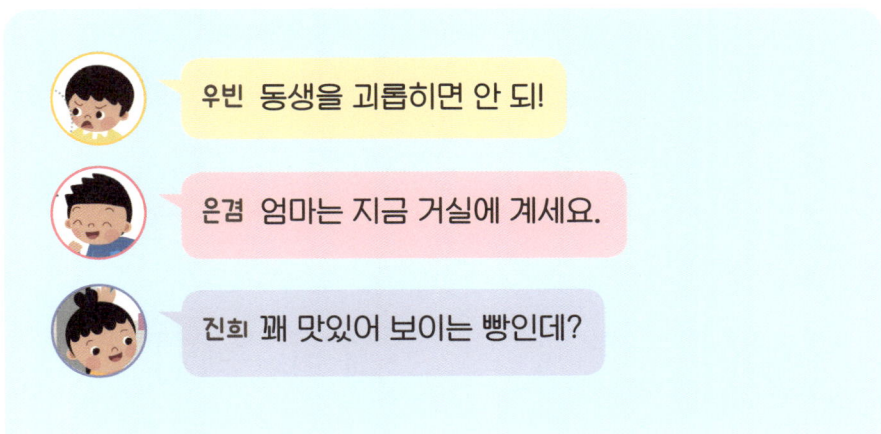

우빈 동생을 괴롭히면 안 되!

은겸 엄마는 지금 거실에 계세요.

진희 꽤 맛있어 보이는 빵인데?

❶ 맞춤법을 틀리게 쓴 친구 (　　　　　　)

❷ 친구가 잘못 쓴 낱말을 바르게 고쳐 쓰세요.

→

21 일차

소리가 비슷해서 틀리기 쉬워요 – 'ㅘ'가 들어 있는 낱말

좌석을 찾아 주세요

'ㅘ'는 'ㅗ'와 'ㅏ'가 합쳐진 낱자예요. 하지만 'ㅏ'로 소리 내는 경우가 많지요. 또박또박 소리 내어 읽으면서 낱말을 정확히 익히도록 해요.

| 좌 석 | 과 수 원 |

[좌석]   [과수원]

| 좌 석 | 과 수 원 |

엄마는 선생님!
'ㅘ' 발음이 잘 되지 않는다면, 'ㅗ'에서 시작해서 'ㅏ'로 재빨리 말해 보면 좋습니다. 처음에는 천천히 소리 내다 점차 속도를 내서 빠르게 읽을 수 있도록 해 주세요. 거울을 보며 연습하는 것도 좋습니다.

📅 　월　　일　⏰ 오전/오후　　:

🚀 낱말을 바르게 소리 내어 읽고 정확하게 따라 쓰세요. 🎧 3-11.MP3

소 아 과

화 장 실

피부가 고 와 요 . 피부가 　　　　 .

교 과 서 로 배워요.　　　　　　로 배워요.

🛸 <보기>를 잘 듣고 맞춤법에 맞는 낱말을 찾아 쓰세요. 🎧 3-12.MP3

보기 　봐　바　간심　관심　나　놔

여기를 　　 주세요.

저는 비행기에 　　 이 많아요.

물고기를 　　 주었어요.

22일차

소리가 비슷해서 틀리기 쉬워요 – 'ㅟ'가 들어 있는 낱말

복도에서 뛰지 마세요

아하! 'ㅟ'는 'ㅜ'와 'ㅣ'가 합쳐진 낱자예요. 하지만 'ㅣ'로 소리 내는 경우가 많아 쓸 때에도 틀리기 쉬워요. 또박또박 소리 내어 읽으면서 낱말을 정확히 익히도록 해요.

| 뛰 다 | 주 사 위 |

이렇게 읽고: [뛰다]   [주사위]

이렇게 써요: 뛰 다   주 사 위

엄마는 선생님! 'ㅟ'는 입술을 둥글게 하고 발음합니다. 처음에는 입술을 둥글게 하여 'ㅜ'소리를 내었다가 이어서 빠르게 'ㅣ' 소리를 내면 바르게 발음할 수 있어요. 또박또박 읽으면서 낱말의 모양을 익히는 것에 유의하여 지도해 주세요.

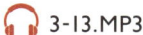

🚀 낱말을 바르게 소리 내어 읽고 정확하게 따라 쓰세요.   🎧 3-13.MP3

 방 귀

 가 위 바 위 보

 방 안을 뒹 굴 다 . 방 안을 ☐☐☐ .

 위 인 전 을 읽어요. ☐☐☐ 을 읽어요.

🛸 <보기>를 잘 듣고 맞춤법에 맞는 낱말을 찾아 쓰세요.   🎧 3-14.MP3

보기
디집어요   뒤집어요   기저기   기저귀   뒤죽박죽   디죽박죽

 달걀프라이를 ☐☐☐☐ .

 아기 ☐☐☐ 를 갈아요.

 장난감이 ☐☐☐☐ 섞였어요.

23 일차

소리가 비슷해서 틀리기 쉬워요 – '궈'가 들어 있는 낱말

생일 선물 고마워요

'궈'는 'ㅜ'와 'ㅓ'가 합쳐진 글자예요. 그래서 '궈'로 소리 내야 하지만 'ㅓ'로 소리 내는 경우가 많아 쓸 때에도 틀리기 쉬워요. 또박또박 소리 내어 읽으면서 낱말을 정확히 익히도록 해요.

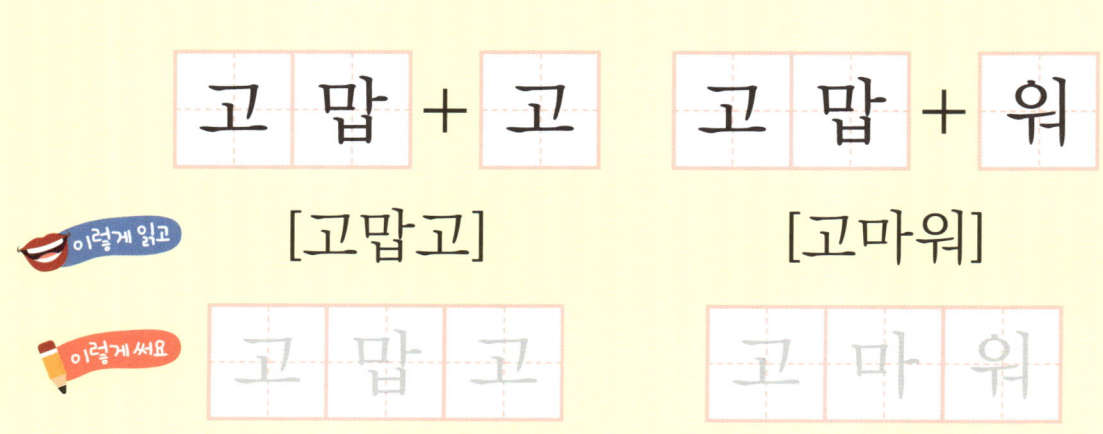

📅 월   일   🕐 오전 :
             오후

🚀 낱말을 바르게 소리 내어 읽고 정확하게 따라 쓰세요. 🎧 3-15.MP3

 원숭이

 춤을 춰요. 춤을 ㅤㅤ.

 반가워요. ㅤㅤㅤㅤ.

 간지러워요. ㅤㅤㅤㅤㅤ.

🛸 <보기>를 잘 듣고 맞춤법에 맞는 낱말을 찾아 쓰세요. 🎧 3-16.MP3

보기 | 멀 | 뭘 | 바꺼요 | 바꿔요 | 죠서 | 줘서

 오늘 저녁은 ㅤ 먹을까?

 천 원을 동전으로 ㅤㅤㅤ.

 짐을 같이 들어 ㅤㅤ 고마워.

24일차

소리가 비슷해서 틀리기 쉬워요 – 'ㅎ' 받침이 들어 있는 낱말

나는 너를 정말 좋아해

아하! 'ㅎ' 받침이 들어가는 낱말은 뒤에 모음이 올 때는 'ㅎ' 받침의 소리가 나지 않고, 뒤에 자음이 올 때는 'ㅎ' 받침과 만나 'ㄱ'은 'ㅋ'으로, 'ㄷ'은 'ㅌ'으로 소리 나요. 하지만 쓸 때는 'ㅎ' 받침을 살려서 써야 해요.

뒤에 자음이 올 때

기분이 좋 + 다

이렇게 읽고 [조타]

이렇게 써요 좋 다

뒤에 모음이 올 때

기분이 좋 + 아 요

이렇게 읽고 [조아요]

이렇게 써요 좋 아 요

엄마는 선생님!
'ㅎ' 받침 뒤에 모음이 오면 'ㅎ'은 소리 나지 않고, 자음이 오면 경우에 따라서 다르게 소리가 나요. 발음에 신경 써서 읽으며 'ㅎ'이 소리 나지 않거나 다르게 소리 나는 경우라도 반드시 'ㅎ' 받침을 써야 한다는 것에 유의하여 지도해 주세요. 예 쌓다 → [싸타], 쌓는 → [싼는]

낱말을 바르게 소리 내어 읽고 정확하게 따라 쓰세요.  3-17.MP3

 낳다

 까맣다

 물을 틀어 놓다. 물을 틀어 　　 .

 돌을 쌓아요. 돌을 　　　 .

 <보기>를 잘 듣고 맞춤법에 맞는 낱말을 찾아 쓰세요.  3-18.MP3

보기
이러케　이렇게　커다랗고　커다라코　의조케　의좋게

 　　　 키가 자랐어요.

 　　　 맛있는 사과

 동생과 　　　 지내요.

소리가 비슷해서 틀리기 쉬워요 – '–이에요'와 '–예요'

내 꿈은 선생님이에요

'–이에요'는 '–이다'에 '–에요'가 붙은 말이고, '–예요'는 '–이에요'가 줄어든 말이에요. 앞말에 받침이 있으면 '–이에요'로, 받침이 없으면 '–예요'를 써요.

앞말에 받침이 있을 때

얼룩말**이에요**

'–이다'에 '–에요'가 붙어서 '–이에요'가 되었어요. '아니다'에 '–에요'가 붙으면 '아니에요'가 돼요.

앞말에 받침이 없을 때

다람쥐**예요**

'–이에요'가 줄어서 '–예요'가 되었어요. 앞말에 받침이 없을 때에는 '–예요'로 써요.

엄마는 선생님!
'–이에요'는 마치 [이예요]처럼 들리지만 '–이다'에 '–에요'가 붙어서 된 말이라는 것에 주의해서 지도해 주세요. 또한 앞말에 받침이 없는 경우는 '–예요'로 줄여 씁니다.

낱말을 바르게 소리 내어 읽고 정확하게 따라 쓰세요. 🎧 3-19.MP3

 내 꿈은 과학자 예요 . 내 꿈은 과학자 　　 .

 멋진 피아노 예요 . 멋진 피아노 　　 .

 내 동생 이 에 요 . 내 동생 　　　 .

 정답이 아 니 에 요 . 정답이 　　　　 .

 <보기>를 잘 듣고 맞춤법에 맞는 낱말을 찾아 쓰세요. 🎧 3-20.MP3

보기 에요   예요   아니예요   아니에요   이에요   이예요

 아빠가 최고 　　 .

 　　　　 , 괜찮아요.

 내가 그린 그림 　　　 .

확인학습

1. 맞춤법에 맞는 낱말을 찾아 ○표 하세요.

   ① 멋진 가수들이 춤을 춰요 | 쳐요 .

   ② 여러분, 여기를 봐 | 바 주세요.

   ③ 까마코 | 까맣고 동그란 예쁜 돌멩이예요.

   ④ 생일 선물로 몰 | 뭘 갖고 싶어?

2. 빈칸에 들어갈 알맞은 낱말을 찾아 쓰세요.

   ① 사촌 동생 키가 (   ) 자랐어요.

   ② 아빠가 동생 (   )를 갈고 있어요.

   ③ 천 원을 백 원짜리 동전으로 (   ) 주세요.

3. 밑줄 친 낱말을 맞춤법에 맞게 고쳐 쓰세요.

   ① 칭찬을 받아서 기분이 **조아요**. →

   ② 복도에서 **띠면** 안 돼요. →

   ③ 짐을 같이 들어 **조**. →

정답 | 134쪽

4. 그림을 보고 맞춤법이 바르게 쓰인 것을 찾아 이으세요.

 ❶    ㉠ 주사이를 굴려요.
   ㉡ 주사위를 굴려요.

 ❷    ㉠ 책가방이예요.
   ㉡ 책가방이에요.

 ❸    ㉠ 깨끗한 화장실.
   ㉡ 깨끗한 하장실.

 ❹    ㉠ 아기 토끼에요.
   ㉡ 아기 토끼예요.

5. 다음 중 맞춤법을 틀리게 쓴 친구를 찾고, 틀린 낱말을 바르게 고쳐 쓰세요.

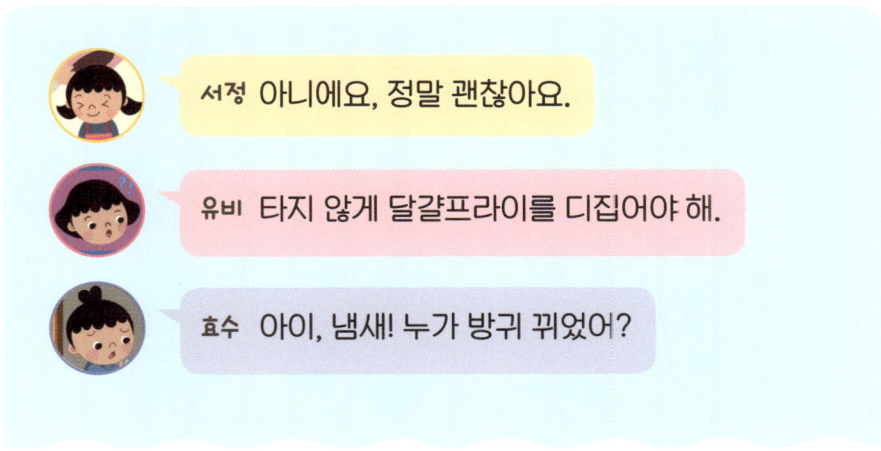

❶ 맞춤법을 틀리게 쓴 친구 (   )

❷ 친구가 잘못 쓴 낱말을 바르게 고쳐 쓰세요.

   →

글이 더 재미있어져요 - 문장 부호

문장 부호란, 문장의 뜻을 잘 이해하기 위해 쓰는 여러 가지 부호를 뜻해요. 같은 문장이라도 어떤 문장 부호를 쓰는지에 따라 느낌이 달라진답니다. 또한 문장 부호를 넣으면 문장의 뜻을 더 쉽게 알아볼 수 있어요. 문장 부호는 문장의 종류에 따라 알맞게 골라 써야 해요. 어떤 문장 부호를 어떤 때 써야 하는지 알아봐요.

이름	부호	설명
온점	.	동그란 모양의 작은 점이에요. 문장의 끝에서 문장이 끝났다는 것을 나타낼 때 써요. 예) 오늘은 학교에 갔다.
반점	,	점에 꼬리가 있어요. 문장을 잠시 쉬어 읽을 때나 이름이나 물건이 연속해서 나올 때, 그리고 사람을 부르거나 대답할 때 써요. 예) 의자, 책상 / 민희야, 이리 와 봐.
물음표	?	무엇이 궁금하거나 물어볼 때 써요. 예) 너는 이름이 뭐야?
느낌표	!	느낌을 나타내요. 기쁨이나 슬픔, 놀람을 나타낼 때 문장 끝에 써요. 예) 꽃이 참 예쁘구나!
큰 따옴표	" "	소리 내어 한 말은 큰 따옴표 안에 넣어요. 남의 말이나 글을 끌어 쓸 때도 써요. 예) "학교 다녀오겠습니다" 하고 뛰어갔다.
작은 따옴표	' '	생각이나 속마음을 나타낼 때는 작은 따옴표를 써요. 예) '심부름을 깜빡했는데 어쩌지……' 걱정스러운 마음이 들었다.

제4장
띄어쓰기로 바른 뜻을 전달해요

- 26일차 **낱말과 낱말 사이 띄어쓰기** | 용돈이 만 원 있어요
- 27일차 **조사 붙여 쓰기 1** | 제가 오리를 봤어요
- 28일차 **조사 붙여 쓰기 2** | 친구야, 너밖에 없어
- 29일차 **꾸미는 말 띄어쓰기** | 반짝반짝 작은 별을 보러 가요
- 30일차 **단위를 나타내는 말 띄어쓰기** | 꽃 한 송이를 선물해요
  - ≫ 확인 학습

- 31일차 **의존 명사 띄어쓰기** | 사는 데가 어디예요
- 32일차 **이어 주거나 늘어놓는 말 띄어쓰기** | 사탕과 초콜릿 등을 사요
- 33일차 **성과 이름 붙여 쓰기** | 내 이름은 한그루예요
- 34일차 **조사 '-이다' 붙여 쓰기** | 조그만 선물이에요
- 35일차 **문장 부호 띄어쓰기** | 나도 마술사가 되고 싶어요
  - ≫ 확인 학습
  - ≫ 한 걸음 더

26일차

띄어쓰기로 바른 뜻을 전달해요 – 낱말과 낱말 사이 띄어쓰기

용돈이 만 원 있어요

 띄어쓰기에서 기본이 되는 것은 낱말이에요. '하늘', '강아지'는 각각 뜻을 가지고 있는 낱말이에요. 낱말들이 모여서 문장이 될 때에 낱말끼리는 띄어 써야 해요. 띄어쓰기를 바르게 하지 않으면 문장의 뜻이 달라지기 때문에 올바르게 띄어 쓰는 법을 익혀요.

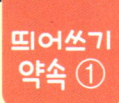 **낱말과 낱말 사이는 띄어 써요.**

| 바 | 닷 | 가 | ✓ | 오 | 두 | 막 | 집 |

'바닷가'와 '오두막집'은 각각 혼자서 쓸 수 있는 낱말이기 때문에 띄어 썼어요.

월   일   오전 오후   :

🚀 띄어쓰기가 바른지 확인하며 주어진 문장을 정확하게 따라 쓰세요. 🎧 4-1.MP3

학교를 마치고 집에 가요.

학	교	를	✓	마	치	고	✓	집	에	✓	가	요	.
			✓				✓			✓			

나는 딸기우유를 좋아해요.

나	는	✓	딸	기	우	유	를	✓	좋	아	해	요	.
		✓						✓					

친구와 인형놀이를 했어요.

친	구	와	✓	인	형	놀	이	를	✓	했	어	요	.
			✓						✓				

 띄어쓰기가 바른 문장에 O, 틀린 문장에 X표 하고, 틀린 문장을 바르게 고치세요.   🎧 4-2.MP3

❶ 약속 시간을지켜요.   (   )

❷ 오늘 강아지가 태어났어요.   (   )

→ _____

띄어쓰기로 바른 뜻을 전달해요 – 조사 붙여 쓰기 1

제가 오리를 봤어요

 '은, 는, 이, 가, 을, 를' 같은 말은 혼자 쓰일 수 없어요. 하지만 낱말의 뜻을 정확히 해 주고, 특별한 뜻을 더해 줘요. 이러한 것들은 다른 낱말을 도와준다는 뜻에서 '조사'라고 이름 붙이고, 앞말에 붙여 써요.

띄어쓰기 약속 ② **조사는 앞말에 붙여 써요.**

| 고 | 양 | 이 | 가 | ✓ | 낮 | 잠 | 을 | ✓ | 자 | 요 |

'가'와 '을'은 혼자서는 쓸 수 없고 다른 낱말을 도와주기 때문에 앞말에 붙여 썼어요.

띄어쓰기가 바른지 확인하며 주어진 문장을 정확하게 따라 쓰세요. 🎧 4-3.MP3

 동생이 노래를 불러요.

동	생	이	✔	노	래	를	✔	불	러	요	.
			✔				✔				

 학교에서 상장을 받았어요.

학	교	에	서	✔	상	장	을	✔	받	았	어	요	.
				✔				✔					

 친구와 놀이터에서 놀아요.

친	구	와	✔	놀	이	터	에	서	✔	놀	아	요	.
			✔						✔				

 띄어쓰기가 바른 문장에 O, 틀린 문장에 X표 하고, 틀린 문장을 바르게 고치세요. 🎧 4-4.MP3

❶ 나무는 어른보다 키가 커요.   (   )

❷ 하늘 도 맑고 바람 도 시원해요. (   )

→

더 많은 조사를 알아봐요!
나의 꿈, 사과도 좋아해, 빵만 먹지 마, 친구에게 편지를 써요.

28일차

띄어쓰기로 바른 뜻을 전달해요 – 조사 붙여 쓰기 2

친구야, 너밖에 없어

아하! '뿐, 밖에, 만큼, 같이'도 혼자 쓰일 수 없지만 앞말에 특별한 뜻을 더해 주는 조사예요. 앞말에 붙여 쓰는 여러 가지 조사를 알고 바르게 붙여 써요.

| 보 | 석 | 같 | 이 |

'같이'는 모양이 비슷하거나 앞말이 나타내는 특징과 비슷하다는 뜻을 나타내는 조사예요.

| 하 | 늘 | 만 | 큼 |

'만큼'은 앞말과 같거나 비슷한 정도라는 뜻을 나타내는 조사예요.

| 너 | 뿐 | 이 | 야 |

'뿐'은 '그것만이고 더는 없다'라는 뜻의 조사예요.

| 오 | 늘 | 밖 | 에 |

'밖에'는 '그것 말고는', '그것 이외에는'이라는 뜻을 나타내는 조사예요.

엄마는 선생님! 조사와 같은 모양의 낱말이나 의존 명사도 있으니 의미에 따라 붙여 쓰거나 띄어 써야 합니다.
예) 보석**같이** 소중한 친구 (조사) / 나랑 **같이** 가자 (낱말)
  하늘**만큼** 좋아해 (조사) / 아는 **만큼** 보인다 (의존 명사)

띄어쓰기가 바른지 확인하며 주어진 문장을 정확하게 따라 쓰세요. 4-5.MP3

 남은 저금은 이것뿐이야.

| 남 | 은 | ✓ | 저 | 금 | 은 | ✓ | 이 | 것 | 뿐 | 이 | 야 | . |
| | | ✓ | | | | ✓ | | | | | | |

 사탕이 하나밖에 없어요.

| 사 | 탕 | 이 | ✓ | 하 | 나 | 밖 | 에 | ✓ | 없 | 어 | 요 | . |
| | | | ✓ | | | | | ✓ | | | | |

 꽃같이 예쁜 엄마 얼굴

| 꽃 | 같 | 이 | ✓ | 예 | 쁜 | ✓ | 엄 | 마 | ✓ | 얼 | 굴 |
| | | | ✓ | | | ✓ | | | ✓ | | |

 띄어쓰기가 바른 문장에 O, 틀린 문장에 X표 하고, 틀린 문장을 바르게 고치세요. 4-6.MP3

❶ 동생은 만화밖에 안 봐요. (   )

❷ 하늘 만큼 땅 만큼 좋아해요. (   )

→ _____

더 많은 조사를 알아봐요!
새처럼 날고 싶어, 내일부터 방학이야, 너랑 나랑

29 일차

띄어쓰기로 바른 뜻을 전달해요 – 꾸미는 말 띄어쓰기

반짝반짝 작은 별을 보러 가요

'꾸며 주는 말'은 뒤에 오는 말을 꾸며 주어 뜻을 더 자세하게 만들어 주는 말이에요. '너무 더워서 땀이 뻘뻘 나요'에서 '너무'는 '더워서'를 꾸며 주고, '뻘뻘'은 '나요'를 꾸며 주어요. 이렇게 뒤에 오는 낱말을 꾸며 주는 말은 반드시 띄어 써야 해요.

띄어쓰기 약속 ③ 꾸며 주는 말은 뒷말과 띄어 써요.

| 파 | 란 | ✓ | 하 | 늘 |

'파란'이 '하늘'을 꾸며 주어서 뜻이 더 자세해졌어요.

| 빨 | 리 | ✓ | 달 | 려 | 요 |

'빨리'가 '달려요'를 꾸며 주어서 뜻이 더 생생해졌어요.

| 반 | 짝 | 반 | 짝 | ✓ | 작 | 은 | ✓ | 별 |

'반짝반짝'과 '작은'이 '별'을 꾸며 주었어요. 이처럼 꾸며 주는 말은 이어서 나올 수도 있어요.

띄어쓰기가 바른지 확인하며 주어진 문장을 정확하게 따라 쓰세요. 🎧 4-7.MP3

 나비가 하늘하늘 날아요.

| 나 | 비 | 가 | ✓ | 하 | 늘 | 하 | 늘 | ✓ | 날 | 아 | 요 | . |
| | | | ✓ | | | | | ✓ | | | | |

 빌딩이 높이 솟아 있어요.

| 빌 | 딩 | 이 | ✓ | 높 | 이 | ✓ | 솟 | 아 | ✓ | 있 | 어 | 요 | . |
| | | | ✓ | | | ✓ | | | ✓ | | | | |

 멋진 뿔이 달린 사슴벌레

| 멋 | 진 | ✓ | 뿔 | 이 | ✓ | 달 | 린 | ✓ | 사 | 슴 | 벌 | 레 |
| | | ✓ | | | ✓ | | | ✓ | | | | |

 띄어쓰기가 바른 문장에 O, 틀린 문장에 X표 하고, 🎧 4-8.MP3
틀린 문장을 바르게 고치세요.

❶ 많이아팠어요.　　　(　　　)

❷ 돼지가 꿀꿀 울어요.　(　　　)

→

87

30일차

띄어쓰기로 바른 뜻을 전달해요 – 단위를 나타내는 말 띄어쓰기

꽃 한 송이를 선물해요

'꽃 한 송이'에서 '송이'는 수량의 단위를 나타내는 말이에요. '송이', '그루', '자루' 등 여러 가지 단위를 나타내는 말이 있어요. 단위를 나타내는 말을 쓸 때에는 앞쪽의 수를 나타내는 말과 띄어 써야 해요.

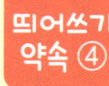

띄어쓰기 약속 ④ 수량의 단위를 나타내는 말은 앞말과 띄어 써요.

| 기 | 와 | 집 | ✓ | 세 | ✓ | 채 |

'채'는 집이나 큰 기구, 큰 가구 등을 셀 때 쓰는 말이에요.

| 송 | 아 | 지 | ✓ | 두 | ✓ | 마 | 리 |

'마리'는 동물이나 물고기, 벌레 등을 셀 때 쓰는 말이에요.

| 신 | 발 | ✓ | 한 | ✓ | 켤 | 레 |

'켤레'는 신발이나 양말, 장갑 등을 셀 때 쓰는 말이에요. 두 개가 다 있어야 한 켤레예요.

| 문 | 제 | 집 | ✓ | 한 | ✓ | 권 |

'권'은 책을 셀 때 쓰는 말이에요.

띄어쓰기가 바른지 확인하며 주어진 문장을 정확하게 따라 쓰세요. 🎧 4-9.MP3

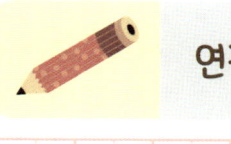 연필 한 자루만 빌려줘.

| 연 | 필 | ✓ | 한 | ✓ | 자 | 루 | 만 | ✓ | 빌 | 려 | 줘 | . |
| | | ✓ | | ✓ | | | | ✓ | | | | |

 올해 아홉 살이 되었어요.

| 올 | 해 | ✓ | 아 | 홉 | ✓ | 살 | 이 | ✓ | 되 | 었 | 어 | 요 | . |
| | | ✓ | | | ✓ | | | ✓ | | | | | |

 새 옷을 두 벌 샀어요.

| 새 | ✓ | 옷 | 을 | ✓ | 두 | ✓ | 벌 | ✓ | 샀 | 어 | 요 | . |
| | ✓ | | | ✓ | | ✓ | | ✓ | | | | |

 띄어쓰기가 바른 문장에 O, 틀린 문장에 X표 하고, 틀린 문장을 바르게 고치세요. 🎧 4-10.MP3

❶ 친구 한명이 안 왔어요.　　(　　　)

❷ 양말 한 짝을 잃어버렸어요.　(　　　)

→ _____

순서를 나타낼 때나 숫자와 어울려 쓰일 때는 붙여 쓸 수도 있어요.
예) 사과 열 개(O) / 사과 10개(O), 삼학년(O) / 3학년(O)

확인학습

1. 바르게 띄어 쓴 말을 찾아 ○표 하세요.

① 공원 에 / 공원에 운동을 하러 가요.

② 새끼 강아지가 세 마리 / 세마리 태어났어요.

③ 밥만 / 밥 만 먹지 말고 반찬도 먹어야지.

④ 아주키가 / 아주 키가 큰 사람을 봤어요.

2. 띄어쓰기가 바른 것을 낱말 카드에서 찾아 쓰세요.

① 이번 달 용돈은 (   ) 남지 않았어.

② 자기 전에 동화책 (   )을 읽어요.

③ 나는 (   )인데, 너는 몇 살이야?

3. 띄어 써야 할 곳에 ✓표 하고, 문장을 바르게 옮겨 쓰세요.

① 세뱃돈으로만원을받았어요. →

② 연필한자루만빌려줄래? →

③ 누가빨리달리나시합하자. →

4. 그림을 보고 바르게 띄어 쓴 것을 찾아 이으세요.

① · · ㄱ 풍선이 둥실날아가요.
   · ㄴ 풍선이 둥실 날아가요.

② · · ㄱ 아빠와 운동을 해요.
   · ㄴ 아빠 와 운동을 해요.

③ · · ㄱ 신발 한 켤레를 샀어요.
   · ㄴ 신발 한켤레를 샀어요.

④ · · ㄱ 나보다 누나가 더 커요.
   · ㄴ 나 보다 누나가 더 커요.

5. 다음 중 띄어쓰기를 잘못 한 친구를 찾고, 잘못 쓴 문장을 바르게 고쳐 쓰세요.

도윤   야호! <u>내일부터</u> 방학이야!

수아   <u>보름달 같이</u> 생긴 팥빵을 먹었어.

지호   옆집에서 강아지가 <u>멍멍 짖고 있어</u>.

❶ 띄어쓰기를 잘못 한 친구 (   )

❷ 친구가 잘못 쓴 문장을 바르게 고쳐 쓰세요.

→

31일차

띄어쓰기로 바른 뜻을 전달해요 – 의존 명사 띄어쓰기

사는 데가 어디예요

조사 말고도 다른 말 아래에 기대어 쓰이는 낱말이 있어요. '것, 따름, 뿐, 데, 수, 만큼, 지' 등이죠. 이러한 낱말은 혼자서는 쓰일 수 없고 앞의 다른 낱말과 어울려 쓰여요. '것, 따름, 뿐, 데, 수, 만큼, 지'와 같은 낱말을 '의존 명사'라고 하는데 반드시 앞말과 띄어 써야 해요.

띄어쓰기 약속 ⑤ 의존 명사는 앞말과 띄어 써요.

| 마 | 실 | ✓ | 것 |

'것'은 어떤 사물이나 일을 분명하지 않게 가리킬 때 쓰는 의존 명사예요.

| 뛸 | ✓ | 수 | ✓ | 있 | 어 | 요 |

'수'는 어떠한 일을 할 만한 능력이나 어떤 일이 일어날 가능성을 나타내는 의존 명사예요.

| 먹 | 을 | ✓ | 만 | 큼 | ✓ | 떠 | 요 |

'만큼'은 앞말에 해당하는 수량이나 정도를 나타내는 의존 명사예요.

엄마는 선생님!
조사와 의존 명사의 모양이 같은 것들은 틀리기 쉽습니다.
조사는 앞말에 붙여 쓰고, 앞에 '-ㄴ', '-ㄹ' 등 낱말이 활용한 형태가 오면 띄어 씁니다.
예 하늘**만큼** (조사) / 먹을 **만큼** (의존 명사)

🚀 띄어쓰기가 바른지 확인하며 주어진 문장을 정확하게 따라 쓰세요. 🎧 4-11.MP3

 아파서 걸을 수가 없어요.

아	파	서	✓	걸	을	✓	수	가	✓	없	어	요	.
			✓			✓			✓				

 로봇을 조립할 줄 몰라요.

로	봇	을	✓	조	립	할	✓	줄	✓	몰	라	요	.
			✓				✓		✓				

 친구가 사는 데는 멀어요.

친	구	가	✓	사	는	✓	데	는	✓	멀	어	요	.
			✓			✓			✓				

🛸 띄어쓰기가 바른 문장에 O, 틀린 문장에 X표 하고, 틀린 문장을 바르게 고치세요. 🎧 4-12.MP3

❶ 공부한만큼 잘될 거야.　　　(　　)

❷ 졸려서 공부할 수가 없어요.　　(　　)

→

'데'는 장소나 일을 나타낼 때는 띄어 쓰고, 어떤 상황을 미리 설명할 때에는 붙여 써요.
예) 사는 데가 어디야? (장소) / 옷을 사는데 너무 비쌌어. (상황)

32 일차

띄어쓰기로 바른 뜻을 전달해요 – 이어 주거나 늘어놓는 말 띄어쓰기

사탕과 초콜릿 등을 사요

 우리말에는 두 말을 이어 주거나 늘어놓는 말들이 있어요. '겸, 대, 등, 및' 등이죠. 이러한 낱말들은 혼자서는 쓸 수 없고 반드시 다른 낱말이 필요해요. 이어 주거나 늘어놓는 말을 쓸 때는 반드시 앞말과 띄어 써야 해요.

띄어쓰기 약속 ⑥ 두 말을 이어 주거나 늘어놓는 말은 띄어 써요.

| 청 | 군 | ✓ | 대 | ✓ | 백 | 군 |

'대'는 늘어놓은 낱말이 서로 반대되거나 차이가 있다는 것을 나타내요.

| 사 | 과 | ✓ | 및 | ✓ | 복 | 숭 | 아 |

'및'은 '그리고', '또'라는 뜻으로 같은 종류의 것을 이어 줄 때 써요.

| 공 | 책 | 과 | ✓ | 연 | 필 | ✓ | 등 |

'등'은 늘어놓은 낱말 외에도 같은 종류의 것이 더 있다는 것을 나타내요.

🚀 띄어쓰기가 바른지 확인하며 주어진 문장을 정확하게 따라 쓰세요. 🎧 4-13.MP3

 잠자리의 생김새 및 특징

잠	자	리	의	✓	생	김	새	✓	및	✓	특	징
				✓				✓		✓		

 양파와 당근 등 채소

양	파	와	✓	당	근	✓	등	✓	채	소
			✓			✓		✓		

 청군 대 백군의 줄다리기

청	군	✓	대	✓	백	군	의	✓	줄	다	리	기
		✓		✓				✓				

🛸 띄어쓰기가 바른 문장에 O, 틀린 문장에 X표 하고, 🎧 4-14.MP3
틀린 문장을 바르게 고치세요.

❶ 도시락및 간식을 챙기세요.   (   )

❷ 가수 겸 배우입니다.   (   )

➔ _____

띄어쓰기로 바른 뜻을 전달해요 – 성과 이름 붙여 쓰기

내 이름은 한그루예요

 이름은 붙여 쓸까요? 띄어 쓸까요? 이름은 '김, 이, 박' 같은 '성'과 '진희, 효정'과 같은 '이름'으로 이루어져 있죠. '성'과 '이름'은 함께 붙여 놓았을 때 한 낱말로 생각이 되기 때문에 붙여 쓰기로 약속했답니다.

띄어쓰기 약속 ⑦ 성과 이름은 붙여 써요.

띄어쓰기 약속 ⑧ 이름 뒤의 직업 이름이나 호칭은 띄어 써요.

| 유 | 관 | 순 | ✓ | 언 | 니 |

성과 이름은 붙여 쓰고, 이름 뒤 호칭인 '언니'는 띄어 썼어요.

| 김 | 은 | 영 | ✓ | 선 | 생 | 님 |

성과 이름은 붙여 쓰고, 직업을 나타내는 '선생님'은 띄어 썼어요.

| 황 | 보 | ✓ | 진 | 입 | 니 | 다 |

성과 이름을 띄어 썼어요. 성이 두 글자이고, 이름을 구별해 줄 때에는 띄어 쓸 수 있어요.

엄마는 선생님!
'성이 두 글자이고 이름이 한 글자인 경우', 그리고 '성과 이름을 확실하게 구별해 주어야 할 경우'에는 띄어 쓸 수 있습니다. 두 글자 성씨에는 '남궁', '독고', '황보', '선우' 등이 있어요.
예) 성이 '선우'이고 이름이 '민'일 때 → 선우민(○) / 선우 민(○)

월   일 오전/오후   :

🚀 띄어쓰기가 바른지 확인하며 주어진 문장을 정확하게 따라 쓰세요. 🎧 4-15.MP3

 정해윤 양을 소개합니다.

| 정 | 해 | 윤 | ✓ | 양 | 을 | ✓ | 소 | 개 | 합 | 니 | 다 | . |
| | | | ✓ | | | ✓ | | | | | | |

 학교 신문사 박지민 기자

| 학 | 교 | ✓ | 신 | 문 | 사 | ✓ | 박 | 지 | 민 | ✓ | 기 | 자 |
| | | ✓ | | | | ✓ | | | | ✓ | | |

 임시온 선수를 응원해요.

| 임 | 시 | 온 | ✓ | 선 | 수 | 를 | ✓ | 응 | 원 | 해 | 요 | . |
| | | | ✓ | | | | ✓ | | | | | |

 띄어쓰기가 바른 문장에 O, 틀린 문장에 X표 하고, 틀린 문장을 바르게 고치세요. 🎧 4-16.MP3

❶ 최우진 군이 글쓰기 상을 받았대요.   (   )

❷ 존경하는 위인은 안중근의사예요.   (   )

→

34일차

띄어쓰기로 바른 뜻을 전달해요 – 조사 '-이다' 붙여 쓰기

조그만 선물이에요

우리 가족 이에요.
모두 네 명 이고, 고양이 이름은 보보 예요.
동생은 다섯 살 인데 말썽꾸러기 예요.

잘 썼어요. '이에요', '이고', '예요'는
모두 앞말에 붙여 써야 해요.

'~입니다', '~이에요'라는 말을 만드는 '-이다'도 '은, 는, 이, 가'처럼 다른 낱말을 도와주는 조사예요. '조사'는 앞말에 붙여 쓰기 때문에 띄어서 쓰지 않도록 주의해요.

띄어쓰기 약속 ⑨ 조사 '-이다'는 앞말에 붙여 써요.

| 선 | 물 | 이 | 에 | 요 |

'-이다'는 조사이기 때문에 앞말에 붙여 썼어요.

| 지 | 우 | 개 | 예 | 요 |

'-이에요'를 줄인 '-예요'도 앞말에 붙여 썼어요.

엄마는 선생님!
과거의 일을 나타낼 경우, 받침이 있는 말 뒤에는 '-이었다', 받침이 없는 말 뒤에는 '였다'를 쓴다는 것에 유의하여 지도해 주세요.

📅 　월　　일　⏰ 오전/오후 　：

 띄어쓰기가 바른지 확인하며 주어진 문장을 정확하게 따라 쓰세요. 🎧 4-17.MP3

 지구는 푸른 별입니다.

| 지 | 구 | 는 | ✓ | 푸 | 른 | ✓ | 별 | 입 | 니 | 다 | . |

 좋아하는 꽃은 개나리예요.

| 좋 | 아 | 하 | 는 | ✓ | 꽃 | 은 | ✓ | 개 | 나 | 리 | 예 | 요 | . |

 이쪽은 제 사촌 누나예요.

| 이 | 쪽 | 은 | ✓ | 제 | ✓ | 사 | 촌 | ✓ | 누 | 나 | 예 | 요 | . |

🛸 띄어쓰기가 바른 문장에 O, 틀린 문장에 X표 하고, 틀린 문장을 바르게 고치세요. 🎧 4-18.MP3

❶ 오늘은 제 생일이었어요.　　(　　)

❷ 그건 자동차 소리 였어요.　　(　　)

→

35 일차

띄어쓰기로 바른 뜻을 전달해요 – 문장 부호 띄어쓰기

나도 마술사가 되고 싶어요

 문장의 끝에 쓰는 온점(.), 부르는 말이나 대답하는 말 뒤에 주로 쓰는 반점(,), 문장을 생생하게 만들어 주는 느낌표(!), 물음표(?)와 같은 문장 부호 뒤에 낱말이 올 때는 사이를 띄어 써야 해요.

띄어쓰기 약속 ⑩ 문장 부호 뒤에 오는 말은 띄어 써요.

| 앗 | ! | ✓ | 뭐 | 지 | ? |

느낌표는 느낌을 나타내는 문장의 끝에 써요.
물음표는 묻는 문장의 끝에 써요.

| 와 | , | 멋 | 져 | 요 | . |

반점은 부르는 말이나 대답하는 말 뒤에 써요.
온점은 설명하는 문장 끝에 써요.

| 정 | 말 | ? | ✓ | 고 | 마 | 워 | . |

엄마는 선생님!
원고지에 문장 부호를 쓸 때에는 문장 부호 다음 칸도 비우는 것이 원칙이지만 온점(.)과 반점(,) 다음에는 한 칸을 비우지 않는 것이 일반적입니다.

띄어쓰기가 바른지 확인하며 주어진 문장을 정확하게 따라 쓰세요. 🎧 4-19.MP3

 어휴, 힘들어. 쉬었다 가자.

| 어 | 휴 | , | 힘 | 들 | 어 | . | 쉬 | 었 | 다 | ✓ | 가 | 자 | . |
| | | | | | | | | | | ✓ | | | |

 예쁘다! 무슨 꽃일까?

| 예 | 쁘 | 다 | ! | ✓ | 무 | 슨 | ✓ | 꽃 | 일 | 까 | ? |
| | | | | ✓ | | | ✓ | | | | |

 내가 열게. 이리 줘 봐.

| 내 | 가 | ✓ | 열 | 게 | . | 이 | 리 | ✓ | 줘 | ✓ | 봐 | . |
| | | ✓ | | | | | | ✓ | ✓ | | | |

 띄어쓰기가 바른 문장에 O, 틀린 문장에 X표 하고, 틀린 문장을 바르게 고치세요. 🎧 4-20.MP3

❶ 잘 가! 내일 보자.　　(　　)

❷ 아니에요. 괜찮아요.　　(　　)

→

확인 학습

1. 바르게 띄어 쓴 말을 찾아 ○표 하세요.

❶ 먹을만큼 ¦ 먹을 만큼 뜨세요.

❷ 제 이름은 김한결 ¦ 김 한결 이에요.

❸ 저는 앞구르기를 할줄 ¦ 할 줄 알아요.

❹ 마실것 ¦ 마실 것 좀 가져올게요.

2. 띄어쓰기가 바른 것을 낱말 카드에서 찾아 쓰세요.

❶ 북극곰이 ( )는 아주 추워요.

❷ 여행 가기 전 ( )을 챙겨요.

❸ 시장에서 ( )을 샀어요.

3. 띄어 써야 할 곳에 ✓표 하고, 문장을 바르게 옮겨 쓰세요.

❶ 김민수기자입니다. →

❷ 배불러서걸을수가없어. →

❸ 이순신장군님을존경해요. →

며 일 맞은 개수 개

정답 | 135쪽

4. 그림을 보고 바르게 띄어 쓴 것을 찾아 이으세요.

❶
- ㉠ 개구리의 생김새 및 특징
- ㉡ 개구리의 생김새및특징

❷
- ㉠ 잠을 잘수가 없어요.
- ㉡ 잠을 잘 수가 없어요.

❸
- ㉠ 내일은 맑을것입니다.
- ㉡ 내일은 맑을 것입니다.

❹
- ㉠ 피망과 토마토 등을 사요.
- ㉡ 피망과 토마토등을 사요.

5. 다음 중 띄어쓰기를 잘못 한 친구를 찾고, 잘못 쓴 문장을 바르게 고쳐 쓰세요.

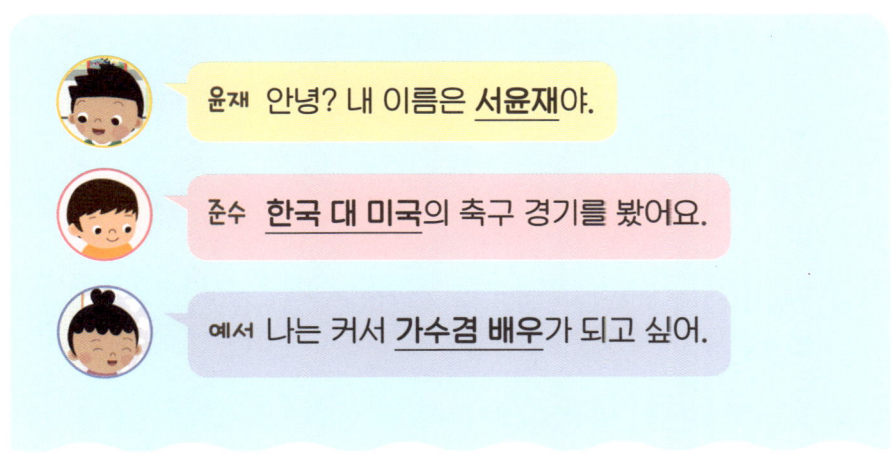

윤재 안녕? 내 이름은 <u>서윤재</u>야.

준수 <u>한국 대 미국</u>의 축구 경기를 봤어요.

예서 나는 커서 <u>가수겸 배우</u>가 되고 싶어.

❶ 띄어쓰기를 잘못 한 친구 (　　　　　)

❷ 친구가 잘못 쓴 문장을 바르게 고쳐 쓰세요.

→

수량의 단위를 나타내는 낱말 - 수사

우리말에는 수량의 단위를 나타내는 낱말이 아주 많이 있어요. 이러한 낱말들을 '수사'라고 부르는데, 여기서 '수'는 '숫자'를 나타내요. 평소에 자주 쓰는 한 개, 두 개 할 때 '개', 한 마리, 두 마리 할 때에 '마리'가 바로 수사예요. 세상에 있는 수많은 물건의 개수만큼 그것을 세는 낱말도 여럿 있답니다. 물건의 양과 순서를 나타내는 여러 가지 낱말들과 그 뜻을 알아봐요.

톨
밤이나 곡식의 낱알을 세는 단위.
예) 쌀 한 톨도 남기지 않고 싹싹 긁어 먹어요.

짝
둘이 서로 어울려 한 벌이나 한 쌍을 이루는 것을 각각 세는 단위.
예) 젓가락 두 짝이 똑같아요.

척
배를 세는 단위.
예) 바닷가에 고깃배가 두 척 떠 있어요.

손
한 손에 잡을 만한 양을 세는 단위. 생선은 두 마리가 한 손이에요.
예) 아주머니, 고등어 한 손 주세요.

대
자동차와 관련된 수량을 나타내는 단위.
예) 차 한 대가 길을 막고 있어요.

포기
뿌리까지 포함한 통째로의 풀의 수량을 나타내는 단위.
예) 배추 열 포기로 김치를 담갔어요.

타래
동그랗게 포개어 감아 놓은 실이나 국수 등의 뭉치를 세는 단위.
예) 털실 두 타래로 장갑을 만들어요.

꾸러미
달걀 열 개를 묶어서 세는 단위.
예) 엄마 심부름으로 달걀 한 꾸러미를 사요.

제5장

쓰임새를 구별해서 써요

36일차 가르치다 / 가리키다
37일차 날다 / 나르다
38일차 들르다 / 들리다
39일차 묻히다 / 무치다
40일차 반드시 / 반듯이

》 확인 학습

41일차 부치다 / 붙이다
42일차 안 / 않
43일차 -던 / -든
44일차 잊어버리다 / 잃어버리다
45일차 틀리다 / 다르다

》 확인 학습
》 한 걸음 더

36일차

쓰임새를 구별해서 써요 – '가르치다'와 '가리키다'

가르치다 / 가리키다

아하! '가르치다'는 지식이나 기능 등을 깨닫게 하거나 익히게 한다는 뜻이고, '가리키다'는 손가락 등으로 어떤 방향이나 대상을 집어서 보이거나 알린다는 뜻이에요. 그 밖에도 '가르키다', '아르키다' 모두 잘못된 표현이니 낱말의 의미를 알고 바르게 쓰도록 해요.

가	르	치	다

상대방이 아직 모르는 일이나 지식 등을 알도록 일러준다는 뜻이에요.
예) 선생님은 공부를 잘 가르쳐 주신다.

가	리	키	다

손가락 등을 사용하여 상대방에게 어떤 방향이나 물건 등을 보게 한다는 뜻이에요.
예) 선생님이 칠판을 가리키다.

 **엄마는 선생님!**
'가르치다'와 '가리키다'는 소리가 비슷하게 들려 틀리기 쉬워요. 또박또박 소리 내어 읽고 따라 쓰면서 두 낱말을 구별할 수 있도록 지도해 주세요.

🚀 문장에 알맞은 낱말을 찾고 정확하게 따라 쓰세요.   🎧 5-1.MP3

 퀴즈의 정답을   가리켜 | 가르쳐   주세요.

| 퀴 | 즈 | 의 | ✓ | 정 | 답 | 을 | ✓ | | | | ✓ | 주 | 세 |
| 요 | . | | | | | | | | | | | | |

 시계를   가리키며 | 가르치며   빨리 가자고 해요.

| 시 | 계 | 를 | ✓ | | | | ✓ | 빨 | 리 | ✓ | 가 | 자 |
| 고 | ✓ | 해 | 요 | . | | | | | | | | |

 우체국이 어디인지 손으로   가르쳐 | 가리켜   주세요.

| 우 | 체 | 국 | 이 | ✓ | 어 | 디 | 인 | 지 | ✓ | 손 | 으 | 로 | ✓ |
| | | | ✓ | 주 | 세 | 요 | . | | | | | | |

🛸 알맞은 낱말을 쓴 문장에 O, 틀린 문장에 X표 하고, 틀린 문장을 바르게 고치세요.   🎧 5-2.MP3

❶ 별을 가리키며 별자리를 공부해요.   (   )

❷ 피아노를 가리키는 선생님이 될 거예요.   (   )

→

37 일차

쓰임새를 구별해서 써요 – '날다'와 '나르다'

날다 / 나르다

'날다'는 공중에서 어떤 위치에서 다른 위치로 움직인다는 뜻의 낱말로, 뒤에 오는 낱말을 꾸며 줄 때에는 '하늘을 나는 기분'처럼 '나는'으로 모양을 바꾸어요. '날르는', '나르는', '날으는'은 모두 틀려요. '나르다'는 물건을 한곳에서 다른 곳으로 옮긴다는 뜻이에요.

| 날 | 다 |

공중에서 이리저리 움직인다는 뜻이에요.
뒤의 낱말을 꾸밀 때는 '나는'이 돼요.
예 풍선을 매달고 나는 꿈을 꾸었어요.

| 나 | 르 | 다 |

물건을 다른 곳으로 옮긴다는 뜻이에요.
뒤의 낱말을 꾸밀 때는 '나르는'이 돼요.
예 열심히 이삿짐을 나르는 사람들

🚀 문장에 알맞은 낱말을 찾고 정확하게 따라 쓰세요.   🎧 5-3.MP3

 책상과 의자를 날랐어요 | 날았어요 .

| 책 | 상 | 과 | ✓ | 의 | 자 | 를 | ✓ | | |

 빗자루를 타고 날라 | 날아 보고 싶어요.

| 빗 | 자 | 루 | 를 | ✓ | 타 | 고 | ✓ | | ✓ | 보 | 고 | ✓ |
| 싶 | 어 | 요 | . | | | | | | | | | |

 새 집으로 이삿짐을 다 날았어요 | 날랐어요 .

| 새 | ✓ | 집 | 으 | 로 | ✓ | 이 | 삿 | 짐 | 을 | ✓ | 다 | ✓ |
| | | | | | | | | | | | | |

🛸 알맞은 낱말을 쓴 문장에 O, 틀린 문장에 X표 하고, 틀린 문장을 바르게 고치세요.   🎧 5-4.MP3

❶ 하늘을 나르는 철새들   (   )

❷ 무거운 짐을 날라서 힘들어요.   (   )

→ _____

'날다'와 '나르다'가 '-아요'와 만나 문장 끝에 오면 이렇게 바뀌어요.
날다 + 아요 → 날아요 / 나르다 + 아요 → 날라요

쓰임새를 구별해서 써요 – '들르다'와 '들리다'

들르다 / 들리다

'들르다'는 '지나가는 길에 잠깐 머무르다'라는 뜻이고, '들리다'는 '귀로 소리를 느끼다'라는 뜻이에요. 전혀 다른 뜻이지만 '들르다'를 써야 할 자리에 '들리다'를 쓰는 경우가 더러 있어요. '친구 집에 들렀는데 밖에서 신기한 소리가 들렸다'와 같이 연상해서 기억해 보세요.

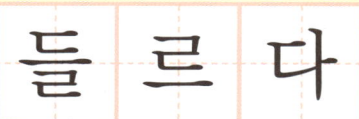

| 들 | 르 | 다 |

'들르다'는 공간과 관련되어 있어요.
어딘가를 가던 중에 잠시 머무를 때 써요.
예 슈퍼에 들러서 과자를 사요.

| 들 | 리 | 다 |

'들리다'는 소리와 관련되어 있어요.
어떤 소리가 귀로 느껴질 때 써요.
예 소라 껍데기에 귀를 대니 파도 소리가 들려요.

문장에 알맞은 낱말을 찾고 정확하게 따라 쓰세요. 🎧 5-5.MP3

천둥 소리가 들러서 | 들려서 깜짝 놀랐어요.

천	둥	✓	소	리	가	✓				✓	깜	짝	✓
놀	랐	어	요	.									

친구 집에 들려서 | 들러서 숙제를 해요.

친	구	✓	집	에	✓				✓	숙	제	를	✓
해	요	.											

쿵쿵 발걸음 소리가 들려요 | 들러요 .

쿵	쿵	✓	발	걸	음	✓	소	리	가	✓			
.													

🛸 알맞은 낱말을 쓴 문장에 O, 틀린 문장에 X표 하고, 🎧 5-6.MP3
틀린 문장을 바르게 고치세요.

❶ 선물을 사러 기념품 가게에 들렸어요.   (   )

❷ 잘 안 들려요. 크게 이야기해 주세요.   (   )

→

쓰임새를 구별해서 써요 – '묻히다'와 '무치다'

묻히다 / 무치다

 '묻히다'는 '다른 사람으로 인해 물건이 흙이나 다른 물건 속에 넣어져 보이지 않게 되다', '남의 행동으로 인해 가루나 풀, 물 등이 그보다 큰 물건에 들러붙거나 흔적이 남게 되다'라는 뜻이에요. '무치다'는 '나물 따위에 양념을 넣고 골고루 뒤섞는다'는 뜻인데, 둘 다 [무치다]로 소리가 나요. 낱말의 뜻을 생각하며 따라 써 보세요.

묻	히	다

대표적인 두 가지 뜻을 기억하세요.
예) 보물이 땅에 묻히다. / 케이크를 옷에 묻히다.

무	치	다

맛있게 나물을 무치는 모습을 상상해 보세요.
'무치다'는 이 한 가지 뜻밖에 없답니다.
예) 콩나물을 맛있게 무쳐서 먹었다.

📅 　월　　일　⏰ 오전/오후　：

 문장에 알맞은 낱말을 찾고 정확하게 따라 쓰세요.　🎧 5-7.MP3

 조물조물 맛있게 시금치를　무쳐요 | 묻혀요　.

조	물	조	물	✓	맛	있	게	✓	시	금	치	를	✓

 물감을 얼굴에　무치며 | 묻히며　놀아요.

물	감	을	✓	얼	굴	에	✓				✓	놀	아
요	.												

 바닷속에 많은 보물이　무쳐 | 묻혀　있어요.

바	닷	속	에	✓	많	은	✓	보	물	이	✓		
있	어	요	.										

 알맞은 낱말을 쓴 문장에 O, 틀린 문장에 X표 하고, 틀린 문장을 바르게 고치세요.　🎧 5-8.MP3

❶ 나물도 무치고 고기도 구워요.　（　　　）

❷ 물감을 묻쳐서 그림을 그렸어요.　（　　　）

→

쓰임새를 구별해서 써요 – '반드시'와 '반듯이'
반드시 / 반듯이

'반드시'는 '틀림없이 꼭'이라는 뜻의 낱말이에요. '반듯이'는 '생각이나 행동이 비뚤거나 기울어지지 않고 바르게'라는 뜻이죠. '반드시'와 '반듯이'를 소리 내어 읽어 보세요. 비슷하게 들리죠? 하지만 뜻이 다르기 때문에 알맞게 구별해서 사용해야 해요. '의자에 앉을 때는 반듯이 앉으세요'와 같은 문장으로 뜻을 기억해 봐요.

반	드	시

'꼭'이라는 낱말을 함께 기억해요.
'틀림없이'로 바꾸어도 괜찮다면 '반드시'를 써요.
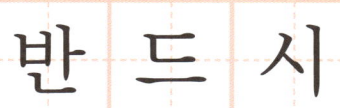 나는 반드시 내 꿈을 이룰 거야.

반	듯	이

'똑바로', '반듯하게'라는 낱말을 생각해요.
둘 중 하나로 바꾸어도 괜찮다면 '반듯이'로 써요.
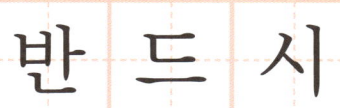 반듯이 앉아야 건강해져요.

월   일   오전/오후   :

🚀 문장에 알맞은 낱말을 찾고 정확하게 따라 쓰세요.   🎧 5-9.MP3

 이번 시합에서는   반듯이 | 반드시   이길 거예요.

| 이 | 번 | ✓ | 시 | 합 | 에 | 서 | 는 | ✓ | | | | ✓ | 이 |
| 길 | ✓ | 거 | 예 | 요 | . | | | | | | | | |

 책꽂이에 책이   반듯이 | 반드시   꽂혀 있어요.

| 책 | 꽂 | 이 | 에 | ✓ | 책 | 이 | ✓ | | | | ✓ | 꽂 | 혀 |
| 있 | 어 | 요 | . | | | | | | | | | | |

 밥 먹기 전   반드시 | 반듯이   손을 씻어야 해요.

| 밥 | ✓ | 먹 | 기 | ✓ | 전 | ✓ | | | | ✓ | 손 | 을 | ✓ |
| 씻 | 어 | 야 | ✓ | 해 | 요 | . | | | | | | | |

🛸 알맞은 낱말을 쓴 문장에 O, 틀린 문장에 X표 하고,   🎧 5-10.MP3
틀린 문장을 바르게 고치세요.

❶ 반듯이 학교에 오세요.   (   )

❷ 책상 줄을 반듯이 맞췄어요.   (   )

→

확인학습

1. 다음 문장에 들어갈 알맞은 낱말을 찾아 O표 하세요.

    ① 내일은 [반드시 / 반듯이] 일찍 일어나세요.

    ② 깊은 바닷속에 [묻힌 / 무친] 보물을 찾아요.

    ③ 수수께끼의 답을 [가리켜 / 가르쳐] 주세요.

    ④ 음악실에서 노랫소리가 [들려요 / 들러요].

2. 빈칸에 들어갈 알맞은 낱말을 찾아 쓰세요.

가르치며   무치고   들렸다가
들렀다가   묻히고   가리키며

    ① 집에 (   ) 학원에 갔어요.
    ② 엄마가 나물을 (   ) 계세요.
    ③ 지도를 (   ) 길을 안내해요.

3. 밑줄 친 낱말을 알맞게 고쳐 쓰세요.

    ① 진흙을 <u>무치며</u> 놀았어요. →

    ② 새들이 서쪽 하늘로 <u>날라가요</u>. →

    ③ 책이 <u>반드시</u> 꽂혀 있어요. →

4. 그림을 보고 뜻을 바르게 나타낸 것을 찾아 이으세요.

①
- ㄱ 공부를 가리켜 주었어요.
- ㄴ 공부를 가르쳐 주었어요.

②
- ㄱ 자리를 펴고 반드시 누우세요.
- ㄴ 자리를 펴고 반듯이 누우세요.

③
- ㄱ 무거운 짐을 날라요.
- ㄴ 무거운 짐을 날아요.

④
- ㄱ 시끄러운 소리가 들러요.
- ㄴ 시끄러운 소리가 들려요.

5. 다음 중 맞춤법을 틀리게 쓴 친구를 찾고, 틀린 낱말을 바르게 고쳐 쓰세요.

 지선 빵집에 **들렀다가** 집에 갈게요.

 윤호 하늘을 **날으는** 꿈을 꾸었어요.

 승민 이번엔 **반드시** 이길 거예요.

① 맞춤법이 틀린 친구 (　　　　　)

② 친구가 잘못 쓴 문장을 바르게 고쳐 쓰세요.

41일차

쓰임새를 구별해서 써요 – '부치다'와 '붙이다'

부치다 / 붙이다

 '부치다'는 '소포나 편지, 짐 등을 다른 곳으로 보내다', '프라이팬에 기름을 발라 빈대떡 등을 익혀 만들다'라는 뜻을 나타내요. '붙이다'는 '서로 맞닿아서 떨어지지 않게 하다'라는 뜻이에요. 소리는 비슷하지만 뜻은 전혀 다르지요?
'우표를 붙여서 편지를 부쳤다'라는 문장으로 뜻과 쓰임을 기억해 봐요.

| 부 | 치 | 다 |

누군가에게 편지나 물건을 보내는 것, 프라이팬에 전 등을 부치는 것을 뜻해요.
예) 우체국에서 편지를 부쳐요. / 프라이팬에 부침개를 부쳐요.

| 붙 | 이 | 다 |

반대말인 '떼다'를 함께 기억해요. 떨어지지 않게 한다는 뜻을 떠올려 보세요.
예) 신발장에 이름표를 붙여요.

🚀 문장에 알맞은 낱말을 찾고 정확하게 따라 쓰세요.   🎧 5-11.MP3

 엽서에 우표를   부쳐 | 붙여   주세요.

| 엽 | 서 | 에 | ✓ | 우 | 표 | 를 | ✓ | | | ✓ | 주 | 세 | 요 |
| . | | | | | | | | | | | | | |

 부침개를 맛있게   붙여 | 부쳐   먹어요.

| 부 | 침 | 개 | 를 | ✓ | 맛 | 있 | 게 | ✓ | | | ✓ | 먹 | 어 |
| 요 | . | | | | | | | | | | | | |

 이사 간 친구에게 편지를   부쳐요 | 붙여요   .

| 이 | 사 | ✓ | 간 | ✓ | 친 | 구 | 에 | 게 | ✓ | 편 | 지 | 를 | ✓ |
| | | | . | | | | | | | | | | |

🛸 알맞은 낱말을 쓴 문장에 O, 틀린 문장에 X표 하고,   🎧 5-12.MP3
틀린 문장을 바르게 고치세요.

❶ 편지는 어디에서 부치나요?   (   )

❷ 카드에 우표를 부쳤나요?   (   )

→ _____

42일차

쓰임새를 구별해서 써요 – '안'과 '않'

안 / 않

 '안'과 '않'은 둘 다 '그렇지 않다'라는 뜻을 나타내는 말이에요. '안'은 '아니'가 줄어든 말로 '안 무섭다', '안 먹는다'처럼 상태나 동작을 나타내는 말 앞에 와요. 한편 '않'은 '아니하다'가 줄어든 말로 '무섭지 않다'처럼 상태나 동작을 나타내는 말 뒤에 와요. 소리가 비슷하지만 앞에 오는지 뒤에 오는지를 생각하면 구별할 수 있어요.

안	'아니'가 줄어든 말이에요. 동작이나 상태를 나타내는 말 앞에 와요. 예 안 해요. / 안 먹어요.

않	'아니하다'가 줄어든 말이에요. 동작이나 상태를 나타내는 말 뒤에 와요. 예 하지 않아요. / 먹지 않아요.

 **엄마는 선생님!**
둘 중 어느 단어가 맞는지 헷갈릴 때는 '안'은 '아니'로 '않'은 '아니하/아니해'로 바꿔 봅니다.
'아니'가 자연스러우면 '안'을, '아니하'가 자연스러우면 '않'을 넣습니다.
예 배가 (아니/아니하) 고파→배가 안 고파 / 무섭지 (아니/아니하)다→무섭지 않다

📅 　월　　일　⏰ 오전/오후　：

🚀 문장에 알맞은 낱말을 찾고 정확하게 따라 쓰세요.　🎧 5-13.MP3

 뭐라고 하는지 잘 　않 | 안　 들려요.

| 뭐 | 라 | 고 | ✓ | 하 | 는 | 지 | ✓ | 잘 | ✓ | | ✓ | 들 | 려 |
| 요 | . | | | | | | | | | | | | |

 강아지 밥을 깜빡하고 　안 | 않　 줬어요.

| 강 | 아 | 지 | ✓ | 밥 | 을 | ✓ | 깜 | 빡 | 하 | 고 | ✓ | | ✓ |
| 줬 | 어 | 요 | . | | | | | | | | | | |

 입맛이 없어서 밥을 다 먹지 　않았어요 | 안았어요　 .

| 입 | 맛 | 이 | ✓ | 없 | 어 | 서 | ✓ | 밥 | 을 | ✓ | 다 | ✓ | 먹 |
| 지 | ✓ | | | | . | | | | | | | | |

🛸 알맞은 낱말을 쓴 문장에 O, 틀린 문장에 X표 하고, 틀린 문장을 바르게 고치세요.　🎧 5-14.MP3

❶ 파란색 옷이 않 어울려요.　　　(　　　)

❷ 텔레비전에서 소리가 나지 않아요.　(　　　)

→ _____

43 일차

쓰임새를 구별해서 써요 – '-던'과 '-든'

-던 / -든

'-던'은 과거에 있었던 일을 나타낼 때 쓰는 말이고, '-든'은 어느 것을 골라도 차이가 없는 둘 이상의 일을 나란히 쓸 때 사용해요. '-던'과 '-든'을 혼동하여 잘못 쓰는 경우가 많지요. '-던'과 '-든'의 차이를 생각하면서 바르게 쓸 수 있도록 해요.

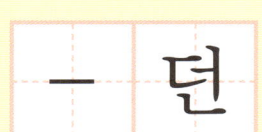
과거에 있었던 일을 나타내는 말이에요.
'-든'으로 잘못 쓰지 않도록 해요.
예) 아기 때 가지고 놀던 장난감.

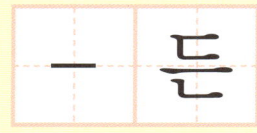
둘 중에 어느 것이든 상관이 없을 때 쓰는 말이에요.
'-든'이나 '-든지'로 많이 써요.
예) 가든지 말든지 네 맘대로 해.

🚀 문장에 알맞은 낱말을 찾고 정확하게 따라 쓰세요. 🎧 5-15.MP3

어제 하든 | 하던 숙제를 다 못 했어요.

| 어 | 제 | ✓ | | | ✓ | 숙 | 제 | 를 | ✓ | 다 | ✓ | 못 | ✓ |
| 했 | 어 | 요 | . | | | | | | | | | | |

작년에 갔든 | 갔던 바다에 또 가고 싶어요.

| 작 | 년 | 에 | ✓ | | | ✓ | 바 | 다 | 에 | ✓ | 또 | ✓ | 가 |
| 고 | ✓ | 싶 | 어 | 요 | . | | | | | | | | |

뭐던지 | 뭐든지 마음에 드는 것을 고르세요.

| | | | ✓ | 마 | 음 | 에 | ✓ | 드 | 는 | ✓ | 것 | 을 | ✓ |
| 고 | 르 | 세 | 요 | . | | | | | | | | | |

🛸 알맞은 낱말을 쓴 문장에 O, 틀린 문장에 X표 하고, 틀린 문장을 바르게 고치세요. 🎧 5-16.MP3

❶ 딸기든 사과든 과일은 다 좋아.   (   )

❷ 먹던지 말던지 좋을 대로 하렴.   (   )

→ _____

44일차

쓰임새를 구별해서 써요 – '잊어버리다'와 '잃어버리다'

잊어버리다 / 잃어버리다

 '잊어버리다'는 '잊다'에서 나온 말로 '알았던 것을 기억하지 못하거나 생각하지 못했을 때 쓰는 말이에요. '잃어버리다'는 '잃다'에서 나온 말로 가졌던 물건이 자신도 모르게 없어졌을 때 쓰는 말이에요.

| 잊 | 어 | 버 | 리 | 다 |

기억이나 생각과 어울려요.
알던 것이 기억나지 않고, 생각이 안 날 때 써요.
예) 수학 숙제를 깜빡 잊어버렸어요.

| 잃 | 어 | 버 | 리 | 다 |

물건과 어울리는 말이에요. 가지고 있던 것이 없어졌을 때 써요. 다른 길로 잘못 가서 길을 찾지 못할 때에도 '잃어버리다'라고 해요.
예) 다 쓴 독후감상문을 잃어버렸어요.

🚀 문장에 알맞은 낱말을 찾고 정확하게 따라 쓰세요. 🎧 5-17.MP3

 친구 생일을 잃어버리고 | 잊어버리고   말았어요.

| 친 | 구 | ✓ | 생 | 일 | 을 | ✓ | | | | | ✓ | 말 |
| 았 | 어 | 요 | . | | | | | | | | | |

 집 열쇠를 어딘가에 잊어버렸어요 | 잃어버렸어요 .

| 집 | ✓ | 열 | 쇠 | 를 | ✓ | 어 | 딘 | 가 | 에 | ✓ | | |
| | | | | . | | | | | | | | |

 길 잊어버리지 | 잃어버리지 않게 잘 따라오세요.

| 길 | ✓ | | | | | ✓ | 않 | 게 | ✓ | 잘 | ✓ | 따 |
| 라 | 오 | 세 | 요 | . | | | | | | | | |

🛸 알맞은 낱말을 쓴 문장에 O, 틀린 문장에 X표 하고, 🎧 5-18.MP3
틀린 문장을 바르게 고치세요.

❶ 지갑을 잃어버렸어요.　　　　　(　　　)
❷ 숙제를 잃어버리고 못 했어요.　(　　　)

→

45 일차

쓰임새를 구별해서 써요 – '틀리다'와 '다르다'

틀리다 / 다르다

 '틀리다'는 셈이나 사실이 그르거나 어긋난다는 뜻이고, '다르다'는 서로 같지 않다는 뜻이에요. '다르다'를 써야 할 자리에 '틀리다'를 쓰는 일이 많은데, 뜻을 구별해서 사용해야 해요. '친구와 내 답이 달라서 누가 틀렸는지 모르겠다'라는 문장으로 뜻과 쓰임을 기억해 봐요.

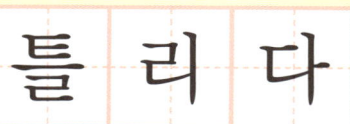

알고 있는 사실이나, 답, 셈 등이 맞지 않거나 어긋난다는 뜻이에요. '맞다'의 반대말이에요.
예 2번 문제를 틀렸어요.

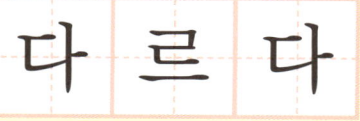

이것과 저것이 같지 않다는 뜻이에요.
'같다'의 반대말이에요.
예 성격은 다르지만 아주 친해요.

문장에 알맞은 낱말을 찾고 정확하게 따라 쓰세요. 　　🎧 5-19.MP3

 외국에서는 우리와   틀린 | 다른   말을 써요.

| 외 | 국 | 에 | 서 | 는 | ✔ | 우 | 리 | 와 | ✔ | | | ✔ | 말 |
| 을 | ✔ | 써 | 요 | . | | | | | | | | | |

 의견이 서로   틀려서 | 달라서   다투었어요.

| 의 | 견 | 이 | ✔ | 서 | 로 | ✔ | | | | ✔ | 다 | 투 | 었 |
| 어 | 요 | . | | | | | | | | | | | |

 열심히 공부했지만 다섯 개나   달랐어요 | 틀렸어요 .

| 열 | 심 | 히 | ✔ | 공 | 부 | 했 | 지 | 만 | ✔ | 다 | 섯 | ✔ | 개 |
| 나 | ✔ | | | | | | | | | | | | |

 알맞은 낱말을 쓴 문장에 O, 틀린 문장에 X표 하고, 틀린 문장을 바르게 고치세요. 　🎧 5-20.MP3

❶ 내 생각은 네 생각과 틀려.　　(　　)

❷ 이름을 틀리게 적었어요.　　(　　)

→ _____

확인학습

1. 다음 문장에 들어갈 알맞은 낱말을 찾아 O표 하세요.

   ① 아무것도 안 / 않 하고 놀고만 싶어요.

   ② 어릴 때 갖고 놀든 / 놀던 장난감이에요.

   ③ 우체국에 가서 편지를 부쳐요 / 붙여요 .

   ④ 옆집에서 아무 소리도 나지 안아요 / 않아요 .

2. 빈칸에 들어갈 알맞은 낱말을 찾아 쓰세요.

   ① 우정 반지를 (   ) 않게 소중히 다루어요.

   ② 얼굴색이나 말이 (   ) 친구가 될 수 있어요.

   ③ 원하는 것은 (   ) 들어주는 요술램프.

3. 밑줄 친 낱말을 알맞게 고쳐 쓰세요.

   ① 산에서 길을 **잊어버렸어요**. →

   ② 명절에 전을 **붙여** 먹어요. →

   ③ 동생과 나는 성격이 많이 **틀려**. →

4. 그림을 보고 뜻을 바르게 나타낸 것을 찾아 이으세요.

- ㉠ 춥지 안코 따뜻해요.
- ㉡ 춥지 않고 따뜻해요.

- ㉠ 딸기던 사과던 다 좋아요.
- ㉡ 딸기든 사과든 다 좋아요.

- ㉠ 생각이 달라서 싸웠어요.
- ㉡ 생각이 틀려서 싸웠어요.

- ㉠ 봉투에 우표를 붙여요.
- ㉡ 봉투에 우표를 부쳐요.

5. 다음 중 맞춤법을 틀리게 쓴 친구를 찾고, 틀린 낱말을 바르게 고쳐 쓰세요.

 규민 숙제를 않 해서 선생님께 혼이 났어.

 성빈 이번 수학 시험에서 많이 틀렸어.

 주원 앗! 엄마 심부름을 깜박 잊어버렸어!

❶ 맞춤법이 틀린 친구 (   )

❷ 친구가 잘못 쓴 문장을 바르게 고쳐 쓰세요.

→

- 정답
- 맞춤법 놀이카드

제1장 받침을 바르게 사용해요

1일차 14~15쪽
- 약이 써요.
- 친구들과 사진을 찍어요.
- 나는 키가 작아요.

2일차 16~17쪽
- 어린이 표를 사요.
- 동생을 안아 줘요.
- 기린을 봤어요.

3일차 18~19쪽
- 선물 포장을 뜯어요.
- 새싹이 돋아요.
- 옷에 물감이 묻어요.

4일차 20~21쪽
- 국물을 덜어서 먹어요.
- 선생님 말씀을 잘 들어요.
- 구름이 높이 떠 있어요.

5일차 22~23쪽
- 엄마가 동생을 업어요.
- 등굣길에 친구를 만나요.
- 물건을 빼앗으면 안 돼요.

확인 학습 24~25쪽
1. ① 말씀을 ② 국물을 ③ 깨끗이 ④ 빼앗으면
2. ① 겁먹었어요 ② 목걸이 ③ 미닫이
3. ① 찍어요 ② 낙엽이 ③ 구름이
4. ① ㉡ 새싹이 돋아요.
   ② ㉠ 빨래를 걷어요.
   ③ ㉠ 아기를 업어요.
   ④ ㉠ 숟가락과 젓가락

5. ① 은우 ② 너무 추워, 문 좀 닫아 줘.

6일차 26~27쪽
- 고운 빛깔의 한복.
- 시험에서 100점을 맞아 기뻐요.
- 강아지가 멍멍 짖어요.

7일차 28~29쪽
- 물속이 아주 깊어요.
- 똑같이 생긴 붕어빵
- 가수가 되고 싶어요.

8일차 30~31쪽
- 친구와 노는 것은 재밌어요.
- 저는 동생이 한 명 있어요.
- 배탈이 나서 배가 아팠어요.

9일차 32~33쪽
- 귀찮아도 꼭꼭 양치를 해요.
- 산에서 길을 잃었어요.
- 찌개가 보글보글 끓어요.

10일차 34~35쪽
- 공책이 얇아요.
- 별이 밝게 빛나요.
- 꽃을 밟으면 안 돼요.

확인 학습 36~37쪽
1. ① 늦게 ② 똑같이 ③ 밟아 ④ 볶음밥
2. ① 찾아요 ② 여덟 ③ 온갖
3. ① 싫증나요 ② 떡볶이 ③ 싶어요
4. ① ㉡ 빛깔이 고와요.
   ② ㉠ 닭이 알을 낳아요.
   ③ ㉡ 백 점을 맞았어요.
   ④ ㉠ 냄새를 맡아요.
5. ① 유라 ② 나는 벌레가 너무 싫어.

제2장 바르게 소리 내어 읽고 써요

11일차 40~41쪽
- 옷을 거꾸로 입었어요.
- 여기로 좀 와 보세요.
- 수세미로 그릇을 닦아요.

12일차 42~43쪽
- 몹시 떨려요.
- 컵 속의 물을 쏟고 말았어요.
- 동생에게 속삭여요.

13일차 44~45쪽
- 우승 깃발을 흔들어요.
- 뒷다리가 먼저 생겼어요.
- 빗자루로 방을 쓸어요.

14일차 46~47쪽
- 발바닥이 간지러워요.
- 함께 오솔길을 걸어요.
- 물고기를 잡았어요.

15일차 48~49쪽
- 방바닥을 쓸어요.
- 줄넘기도 잘할 수 있어요.
- 물이 남지 않았어요.

확인 학습 50~51쪽

1. ① 촛불 ② 개울가 ③ 목소리 ④ 방바닥
2. ① 콧구멍 ② 구겨서 ③ 속삭여요
3. ① 몹시 ② 발바닥 ③ 번데기
4. ① ㄴ 동그라미를 그려요.
   ② ㄱ 색종이를 잘라요.
   ③ ㄴ 물고기를 잡았어요.
   ④ ㄴ 물감 놀이를 해요.
5. ① 은비 ② 오늘 용돈을 받아서 신나!

제3장 소리가 비슷해서 틀리기 쉬워요

16일차 54~55쪽
- 아팠어요. 그래서 약을 먹었어요.
- 달콤한 귤을 세 개 먹었어요.
- 맛있게 끓고 있는 된장찌개.

17일차 56~57쪽
- 그릇을 헹궈요.
- 그런데 너는 누구니?
- 강아지를 데리고 산책해요.

18일차 58~59쪽
- 할머니는 방에 계세요.
- 소풍 전날 일기예보를 봐요.
- 부모님 은혜에 감사해요.

19일차 60~61쪽
- 옷이 꽤 비싸 보여요.
- 야외에서 공놀이를 해요.
- 왜냐하면 다쳤기 때문이에요.

20일차 62~63쪽
- 거의 다 왔어요.
- 너희 형은 몇 살이야?
- 나만의 비밀 일기를 써요.

확인 학습 64~65쪽

1. ① 시계 ② 금세 ③ 일기예보 ④ 나의
2. ① 차례 ② 씌워요 ③ 왜냐하면
3. ① 그런데 ② 왠지 ③ 데리고
4. ① ㄱ 주의하세요.
   ② ㄴ 그릇을 헹궈요.
   ③ ㄴ 가방을 메요.
   ④ ㄱ 모래를 쌓아요.
5. ① 우빈 ② 동생을 괴롭히면 안 돼!

21일차 66~67쪽
- 여기를 봐 주세요.
- 저는 비행기에 관심이 많아요.
- 물고기를 놔 주었어요.

22일차 68~69쪽
- 달걀프라이를 뒤집어요.
- 아기 기저귀를 갈아요.
- 장난감이 뒤죽박죽 섞였어요.

23일차 70~71쪽
- 오늘 저녁은 뭘 먹을까?
- 천 원을 동전으로 바꿔요.
- 짐을 같이 들어 줘서 고마워.

24일차 72~73쪽
- 이렇게 키가 자랐어요.
- 커다랗고 맛있는 사과
- 동생과 의좋게 지내요.

25일차 74~75쪽
- 아빠가 최고예요.
- 아니에요, 괜찮아요.
- 내가 그린 그림이에요.

확인 학습 76~77쪽
1. ❶ 줘요 ❷ 봐 ❸ 까맣고 ❹ 뭘
2. ❶ 이렇게 ❷ 기저귀 ❸ 바꿔
3. ❶ 좋아요 ❷ 뛰면 ❸ 줘
4. ❶ ㉡ 주사위를 굴려요.
   ❷ ㉡ 책가방이에요.
   ❸ ㉠ 깨끗한 화장실.
   ❹ ㉡ 아기 토끼예요.
5. ❶ 유비
   ❷ 타지 않게 달걀프라이를 뒤집어야 해.

제4장 띄어쓰기로 바른 뜻을 전달해요

26일차 80~81쪽
❶ 약속 시간을지켜요.　　(X)
❷ 오늘 강아지가 태어났어요.　　(O)

→ 약속 시간을 지켜요.

27일차 82~83쪽
❶ 나무는 어른보다 키가 커요.　　(O)
❷ 하늘 도 맑고 바람 도 시원해요.　　(X)

→ 하늘도 맑고 바람도 시원해요.

28일차 84~85쪽
❶ 동생은 만화밖에 안 봐요.　　(O)
❷ 하늘 만큼 땅 만큼 좋아해요.　　(X)

→ 하늘만큼 땅만큼 좋아해요.

29일차 86~87쪽
❶ 많이아팠어요.　　(X)
❷ 돼지가 꿀꿀 울어요.　　(O)

→ 많이 아팠어요.

30일차 88~89쪽
❶ 친구 한명이 안 왔어요.　　(X)
❷ 양말 한 짝을 잃어버렸어요.　　(O)

→ 친구 한 명이 안 왔어요.

확인 학습 90~91쪽
1. ❶ 공원에 ❷ 세 마리 ❸ 밥만
   ❹ 아주 키가
2. ❶ 이것밖에 ❷ 한∨권 ❸ 아홉∨살
3. ❶ 세뱃돈으로∨만∨원을∨받았어요.
   ❷ 연필∨한∨자루만∨빌려줄래?
   ❸ 누가∨빨리∨달리나∨시합하자.

4. ❶ ㉡ 풍선이 둥실 날아가요.
   ❷ ㉠ 아빠와 운동을 해요.
   ❸ ㉠ 신발 한 켤레를 샀어요.
   ❹ ㉠ 나보다 누나가 더 커요.
5. ❶ 수아
   ❷ 보름달같이 생긴 팥빵을 먹었어.

31일차 92~93쪽
❶ 공부한만큼 잘될 거야.   (X)
❷ 졸려서 공부할 수가 없어요.   (O)

→ 공부한 만큼 잘될 거야.

32일차 94~95쪽
❶ 도시락및 간식을 챙기세요.   (X)
❷ 가수 겸 배우입니다.   (O)

→ 도시락 및 간식을 챙기세요.

33일차 96~97쪽
❶ 최우진 군이 글쓰기 상을 받았대요. (O)
❷ 존경하는 위인은 안중근의사예요.   (X)

→ 존경하는 위인은 안중근 의사예요.

34일차 98~99쪽
❶ 오늘은 제 생일이었어요.   (O)
❷ 그건 자동차 소리 였어요.   (X)

→ 그건 자동차 소리였어요.

35일차 100~101쪽
❶ 잘 가! 내일 보자.   (O)
❷ 아니에요,괜찮아요.   (X)

→ 아니에요, 괜찮아요.

확인 학습 102~103쪽
1. ❶ 먹을 만큼 ❷ 김한결 ❸ 할 줄
   ❹ 마실 것
2. ❶ 사는∨데 ❷ 옷과∨칫솔∨등
   ❸ 사과와∨복숭아∨등
3. ❶ 김민수∨기자입니다.
   ❷ 배불러서∨걸을∨수가∨없어.
   ❸ 이순신∨장군님을∨존경해요.
4. ❶ ㉠ 개구리의 생김새 및 특징
   ❷ ㉡ 잠을 잘 수가 없어요.
   ❸ ㉡ 내일은 맑을 것입니다.
   ❹ ㉠ 피망과 토마토 등을 사요.
5. ❶ 예서
   ❷ 나는 커서 가수 겸 배우가 되고 싶어.

제5장 쓰임새를 구별해서 써요

36일차 106~107쪽
1.
- 퀴즈의 정답을 가르쳐 주세요.
- 시계를 가리키며 빨리 가자고 해요.
- 우체국이 어디인지 손으로 가리켜 주세요.

2.
❶ 별을 가리키며 별자리를 공부해요.   (O)
❷ 피아노를 가리키는 선생님이 될 거예요.(X)

→ 피아노를 가르치는 선생님이 될 거예요.

37일차 108~109쪽
1.
- 책상과 의자를 날랐어요.
- 빗자루를 타고 날아 보고 싶어요.
- 새 집으로 이삿짐을 다 날랐어요.

2.
❶ 하늘을 나르는 철새들 (X)
❷ 무거운 짐을 날라서 힘들어요. (O)

→ 하늘을 나는 철새들

38일차 110~111쪽

1.
- 천둥 소리가 들려서 깜짝 놀랐어요.
- 친구 집에 들러서 숙제를 해요.
- 쿵쿵 발걸음 소리가 들려요.

2.
❶ 선물을 사러 기념품 가게에 들렸어요. (X)
❷ 잘 안 들려요. 크게 이야기해 주세요. (O)

→ 선물을 사러 기념품 가게에 들렀어요.

39일차 112~113쪽

1.
- 조물조물 맛있게 시금치를 무쳐요.
- 물감을 얼굴에 묻히며 놀아요.
- 바닷속에 많은 보물이 묻혀 있어요.

2.
❶ 나물도 무치고 고기도 구워요. (O)
❷ 물감을 묻쳐서 그림을 그렸어요. (X)

→ 물감을 묻혀서 그림을 그렸어요.

40일차 114~115쪽

1.
- 이번 시합에서는 반드시 이길 거예요.
- 책꽂이에 책이 반듯이 꽂혀 있어요.
- 밥 먹기 전 반드시 손을 씻어야 해요.

2.
❶ 반듯이 학교에 오세요. (X)
❷ 책상 줄을 반듯이 맞췄어요. (O)

→ 반드시 학교에 오세요.

확인 학습 116~117쪽

1. ❶ 반드시 ❷ 묻힌 ❸ 가르쳐 ❹ 들려요
2. ❶ 들렀다가 ❷ 무치고 ❸ 가리키며
3. ❶ 묻히며 ❷ 날아가요 ❸ 반듯이
4. ❶ ㉡ 공부를 가르쳐 주었어요.
   ❷ ㉠ 자리를 펴고 반듯이 누우세요.
   ❸ ㉠ 무거운 짐을 날라요.
   ❹ ㉡ 시끄러운 소리가 들려요.
5. ❶ 윤호 ❷ 하늘을 나는 꿈을 꾸었어요.

41일차 118~119쪽

1.
- 엽서에 우표를 붙여 주세요.
- 부침개를 맛있게 부쳐 먹어요.
- 이사 간 친구에게 편지를 부쳐요.

2.
❶ 편지는 어디에서 부치나요? (O)
❷ 카드에 우표를 부쳤나요? (X)

→ 카드에 우표를 붙였나요?

42일차 120~121쪽

1.
- 뭐라고 하는지 잘 안 들려요.
- 강아지 밥을 깜빡하고 안 줬어요.
- 입맛이 없어서 밥을 다 먹지 않았어요.

2.
❶ 파란색 옷이 않 어울려요. (X)
❷ 텔레비전에서 소리가 나지 않아요. (O)

→ 파란색 옷이 안 어울려요.

43일차 122~123쪽

1.
- 어제 하던 숙제를 다 못 했어요.
- 작년에 갔던 바다에 또 가고 싶어요.
- 뭐든지 마음에 드는 것을 고르세요.

2.
❶ 딸기든 사과든 과일은 다 좋아.　　(O)
❷ 먹던지 말던지 좋을 대로 하렴.　　(X)

→ 먹든지 말든지 좋을 대로 하렴.

44일차 124~125쪽

1.
- 친구 생일을 잊어버리고 말았어요.
- 집 열쇠를 어딘가에 잃어버렸어요.
- 길 잃어버리지 않게 잘 따라오세요.

2.
❶ 지갑을 잃어버렸어요.　　(O)
❷ 숙제를 잃어버리고 못 했어요.　　(X)

→ 숙제를 잊어버리고 못 했어요.

45일차 126~127쪽

1.
- 외국에서는 우리와 다른 말을 써요.
- 의견이 서로 달라서 다투었어요.
- 열심히 공부했지만 다섯 개나 틀렸어요.

2.
❶ 내 생각은 네 생각과 틀려.　　(X)
❷ 이름을 틀리게 적었어요.　　(O)

→ 내 생각은 네 생각과 달라.

확인 학습 128~129쪽

1. ❶ 안 ❷ 놀던 ❸ 부쳐요 ❹ 않아요
2. ❶ 잃어버리지 ❷ 달라도 ❸ 뭐든지
3. ❶ 잃어버렸어요 ❷ 부쳐 ❸ 달라
4. ❶ ㉡ 춥지 않고 따뜻해요.
   ❷ ㉡ 딸기든 사과든 다 좋아요.
   ❸ ㉠ 생각이 달라서 싸웠어요.
   ❹ ㉠ 봉투에 우표를 붙여요.
5. ❶ 규민
   ❷ 숙제를 안 해서 선생님께 혼이 났어.

감수

류덕엽(前 서울양진초등학교 교장)

류덕엽 선생님은 서울교육대학교를 졸업하고 초등학교와 교육청에서 아이들과 초등 교육을 위해 30년 넘게 일하셨습니다. 지금은 자상한 교장선생님으로 어린이 여러분과 즐거운 학교 생활을 하고 계시지요.

특히 초등 국어 연구에 열정을 갖고 초등 국정 국어교과서 연구위원, 집필위원, 심의위원으로 활약하시면서 초등학교 어린이들의 올바른 어문생활을 이끌고 있습니다. 또 조선일보에 〈예쁜 말 바른 말〉을 기고하여 우리말의 즐거움을 많은 사람들과 함께 나누고 있어요.

가장 쉬운 초등 맞춤법 띄어쓰기 〈새싹편〉 하루 한 장의 기적

초판 8쇄 | 2025년 3월 20일

지은이 | 동양북스 콘텐츠기획팀
발행인 | 김태웅
책임 편집 | 김상현, 김수연
디자인 | 남은혜, 김지혜
일러스트 | 임은정
마케팅 총괄 | 김철영
온라인 마케팅 | 신아연
제　작 | 현대순

발행처 | (주)동양북스
등　록 | 제 2014-000055호
주　소 | 서울시 마포구 동교로22길 14 (04030)
구입 문의 | 전화 (02)337-1737　　팩스 (02)334-6624
내용 문의 | 전화 (02)337-1762　　이메일 dymg98@naver.com

ISBN 979-11-5768-499-1　　73700

ⓒ 2019. 동양북스

▶ 본 책은 저작권법에 의해 보호를 받는 저작물이므로 무단 전재와 복제를 금합니다.
▶ 잘못된 책은 구입처에서 교환해드립니다.
▶ (주)동양북스에서는 소중한 원고, 새로운 기획을 기다리고 있습니다.
　http://www.dongyangbooks.com

재미있게 맞춤법 놀이를 해 보세요

국어 ┊ 구거 공부를 열심히 했어요.	**창문을 ┊ 창무늘** 꼭 닫아 주세요.
숫가락 ┊ 숟가락 으로 국물을 떠 먹어요.	**어름 ┊ 얼음**을 많이 먹지 마세요.
선생님의 **말쓰믈 ┊ 말씀을** 잘 들어야 해요.	**낙엽 ┊ 나겹**이 나무에서 떨어져요.
깨끄시 ┊ 깨끗이 이를 닦아야 해요.	**온갓 ┊ 온갖** 과일을 팔고 있어요.

정답 ②	정답 ①
# 창문을	# 국어
'ㄴ' 받침이 들어간 낱말들은 뒤에 모음을 만나면 받침이 뒤로 넘어가 소리 나지만 쓸 때는 원래대로 써야 해요.	'ㄱ' 받침이 들어간 낱말들은 뒤에 모음을 만나면 받침이 뒤로 넘어가 소리 나지만 쓸 때는 원래대로 써야 해요.

정답 ④	정답 ③
# 얼음	# 숟가락
'ㄹ' 받침이 들어간 낱말들은 뒤에 모음을 만나면 받침이 뒤로 넘어가 소리 나지만 쓸 때는 원래대로 써야 해요.	'숟가락'은 'ㄷ' 받침으로 쓴다는 것을 기억해요. 숟가락은 'ㄷ' 받침, 젓가락은 'ㅅ' 받침이에요.

정답 ⑥	정답 ⑤
# 낙엽	# 말씀을
'ㅂ' 받침이 들어간 낱말들은 뒤에 모음을 만나면 받침이 뒤로 넘어가 소리 나지만 쓸 때는 원래대로 써야 해요.	'ㅁ' 받침이 들어간 낱말들은 뒤에 모음을 만나면 받침이 뒤로 넘어가 소리 나지만 쓸 때는 원래대로 써야 해요.

정답 ⑧	정답 ⑦
# 온갖	# 깨끗이
'온갖'은 '온갓'으로 쓰기 쉽지만 'ㅈ' 받침을 살려서 써야 해요.	'깨끗이'는 '깨끄시'로 쓰기 쉽지만 'ㅅ' 받침을 살려서 써야 해요.

재미있게 맞춤법 놀이를 해 보세요

늦게 : 늑께	빗깔 : 빛깔이
일어나고 말았어요.	고운 한복을 입어요.

새벽녘 : 새벽녘
에 수탉이 울었어요.

꽃향기를
맡아 보세요.
마타 보세요.

무릎 : 무릅이
아파서 못 걷겠어요.

보끔밥 : 볶음밥
냄새가 정말 고소해요.

배탈이 나서 배가
아파써요.
아팠어요.

괜찬아요.
괜찮아요.
걱정하지 마세요.

⑩ 빛깔

'빛깔'은 'ㅅ' 받침으로 쓰기 쉽지만 'ㅊ' 받침을 살려서 '빛깔'로 써야 해요.

⑨ 늦게

'늦게'는 소리 나는 대로 '늑께'로 쓰기 쉽지만 'ㅈ' 받침을 살려서 써야 해요.

⑫ 맡아 보세요

'ㅌ' 받침이 들어간 낱말들은 뒤에 모음을 만나면 받침이 뒤로 넘어가 소리 나지만 쓸 때는 원래대로 써야 해요.

⑪ 새벽녘

'새벽녘'은 [새병녁]과 같이 소리 나지만 원래 받침인 'ㅋ'을 살려서 써야 해요.

⑭ 볶음밥

'ㄲ' 받침이 들어간 낱말들은 뒤에 모음을 만나면 받침이 뒤로 넘어가 소리 나지만 쓸 때는 원래대로 써야 해요.

⑬ 무릎

'무릎'은 [무릅]과 같이 소리 나지만 원래 받침인 'ㅍ'을 살려서 써야 해요.

⑯ 괜찮아요

'ㄴㅎ' 받침이 뒤에 모음을 만나 [괜차나요]와 같이 소리 나더라도 원래 받침을 살려서 써야 해요.

⑮ 아팠어요

'ㅆ' 받침이 들어간 낱말들은 뒤에 모음을 만나면 받침이 뒤로 넘어가 소리 나지만 쓸 때는 원래대로 써야 해요.

| 구명을 **뚫었어요.** / **뚜렀어요.** | **널븐** / **넓은** 바다에서 헤엄쳐요. |

| **밝게** / **발께** 빛나는 별을 바라봐요. | 색종이를 **짤라 주세요.** / **잘라 주세요.** |

| **깍두기** / **깍뚜기** 가 맵지만 맛있어요. | **몹씨** / **몹시** 화가 난 모양이에요. |

| **코꾸멍** / **콧구멍** 을 크게 벌렁거려요. | **발바닥** / **발빠닥** 이 간질간질해요. |

재미있게 맞춤법 놀이를 해 보세요

18
넓은

'ㄼ' 받침이 뒤에 모음을 만나 [널븐]과 같이 소리 나더라도 원래 받침을 살려서 써야 해요.

17
뚫었어요

'ㅀ' 받침이 뒤에 모음을 만나 [뚜러써요]와 같이 소리 나더라도 원래 받침을 살려서 써야 해요.

20
잘라 주세요

'ㄱ, ㄷ, ㅂ, ㅅ, ㅈ'은 낱말의 첫소리로 왔을 때에 'ㄲ, ㄸ, ㅃ, ㅆ, ㅉ'으로 읽기 쉽지만 원래 낱말의 형태를 살려서 써야 해요.

19
밝게

'ㄺ' 받침이 'ㄱ'과 만나 [발께]와 같이 소리 나더라도 원래 받침을 살려서 써야 해요.

22
몹시

'ㄱ', 'ㄷ', 'ㅂ' 받침 뒤에 'ㄱ, ㄷ, ㅂ, ㅅ, ㅈ'이 오면 소리가 세지지만 쓸 때는 원래대로 써야 해요.

21
깍두기

'ㄱ', 'ㄷ', 'ㅂ' 받침 뒤에 'ㄱ, ㄷ, ㅂ, ㅅ, ㅈ'이 오면 소리가 세지지만 쓸 때는 원래대로 써야 해요.

24
발바닥

앞말의 받침이 'ㄴ'과 'ㄹ'일 때는 뒷말의 'ㄱ, ㄷ, ㅂ, ㅅ, ㅈ'이 세게 소리 나지만 쓸 때는 원래대로 써야 해요.

23
콧구멍

두 낱말이 만나 생기는 'ㅅ' 받침 뒤의 'ㄱ, ㄷ, ㅂ, ㅅ, ㅈ'은 세게 소리 나지만 쓸 때는 원래대로 써야 해요.

재미있게 맞춤법 놀이를 해 보세요

봄비 | 봄삐가 부슬부슬 내려요.	된장찌개 | 된장찌게 가 보글보글 끓어요.
금새 | 금세 물이 다 끓었어요.	그런데 | 그런대 지금 몇 시인가요?
차례 | 차례를 반드시 지켜야 해요.	계속 | 게속 기침을 하고 있어요.
웬지 | 왠지 오늘은 기분이 좋아.	웬일 | 왠일로 일찍 일어났어요.

정답 26
된장찌개
'찌개'는 소리가 비슷한 '찌게'로 쓰기 쉽지만 'ㅐ'로 써야 해요.

정답 25
봄비
'ㅁ'과 'ㅇ' 받침이 있는 글자가 앞에 오면 뒤의 'ㄱ, ㄷ, ㅂ, ㅅ, ㅈ'은 세게 소리 나지만 쓸 때는 원래대로 써야 해요.

정답 28
그런데
'그런데'는 소리가 비슷한 '그런대'로 쓰기 쉽지만 'ㅔ'로 써야 해요.

정답 27
금세
'지금 바로'라는 뜻의 '금세'는 '금새'로 쓰기 쉽지만 'ㅔ'로 써야 해요.

정답 30
계속
'계속'은 '게속'으로 쓰기 쉽지만 'ㅖ'로 써야 해요.

정답 29
차례
'차례'는 'ㅖ'모음을 살려 [차례]로 읽고, 쓸 때도 'ㅖ'로 써야 해요.

정답 32
웬일
'웬'은 '어찌 된'이라는 뜻이에요.
예) 이게 웬일이야? / 이게 웬 떡이야?

정답 31
왠지
'왠지'는 '왜인지'라는 뜻이에요. 'ㅙ'로 써야 한다는 것을 기억해요.

재미있게 맞춤법 놀이를 해 보세요

남의 물건을 빼앗으면 **안 되요.** **안 돼요.**	**나에 ┊ 나의** 꿈을 꼭 이룰 거야.
여기를 **봐 주세요.** **바 주세요.**	방 안을 이리저리 **뒹굴어요.** **딩굴어요.**
뭘 ┊ 몰 선물하면 좋을까?	닭이 알을 **낳았어요.** **나았어요.**
수수께끼의 정답을 **가르쳐 주세요.** **가리켜 주세요.**	이삿짐을 **날았어요.** **날랐어요.**

정답 34
나의

'나의'는 [나의], [나에]로 소리 나지만 쓸 때는 'ㅢ'로 써야 해요.

정답 33
안 돼요

'되다'라는 낱말에 '-어요'가 붙어서 '되어요'가 되고 이 말을 줄여서 '돼요'로 써요.
되+어요 → 돼요 / 안 되+어요 → 안 돼요

정답 36
뒹굴어요

'ㅟ'는 'ㅜ'와 'ㅣ'가 합쳐진 낱자로, 'ㅣ'로 소리 내는 경우가 많지만 쓸 때는 'ㅟ'로 써야 해요.

정답 35
봐 주세요

'ㅘ'는 'ㅗ'와 'ㅏ'가 합쳐진 낱자로, 'ㅏ'로 소리 내는 경우가 많지만 쓸 때는 'ㅘ'로 써야 해요.

정답 38
낳았어요

'ㅎ' 받침 뒤에 모음이 올 때는 'ㅎ' 소리가 나지 않지만 원래 받침을 살려서 써야 해요.

정답 37
뭘

'ㅝ'는 'ㅜ'와 'ㅓ'가 합쳐진 낱자로, 'ㅓ'로 소리 내는 경우가 많지만 'ㅝ'로 써야 해요.

정답 40
날랐어요

- 날다: 공중에서 어떤 위치에서 다른 위치로 움직이다.
- 나르다: 물건을 한곳에서 다른 곳으로 옮기다.

정답 39
가르쳐 주세요

- 가르치다: 지식이나 기능 등을 깨닫게 하거나 익히게 하다.
- 가리키다: 손가락 등으로 어떤 방향이나 대상을 집어서 보이거나 알리다.

재미있게 맞춤법 놀이를 해 보세요

친구네 집에 **들렸어요.** ┊ **들렀어요.**	바닷속에 보물이 **무쳐 있어요.** ┊ **묻혀 있어요.**
반드시 ┊ **반듯이** 손을 씻어야 해요.	할머니께 편지를 **부쳐요.** ┊ **붙여요.**
파란색 옷이 **안 어울려요.** ┊ **않 어울려요.**	**뭐든지** ┊ **뭐던지** 마음에 드는 것을 골라요.
열쇠를 **잃어버렸어요.** ┊ **잊어버렸어요.**	동생과 성격이 **달라요.** ┊ **틀려요.**

정답 42
묻혀 있어요
- 묻히다: 물건이 흙이나 다른 물건 속에 넣어져 보이지 않게 되다.
- 무치다: 나물 따위에 양념을 넣고 골고루 뒤섞다.

정답 41
들렀어요
- 들르다: 지나가는 길에 잠깐 머무르다.
- 들리다: 귀로 소리를 느끼다.

정답 44
부쳐요
- 부치다: 소포나 편지 등을 다른 곳으로 보내다.
- 붙이다: 서로 맞닿아서 떨어지지 않게 하다.

정답 43
반드시
- 반드시: '틀림없이', '꼭'이라는 뜻이에요.
- 반듯이: '생각이나 행동이 비뚤거나 기울어지지 않고 바르게'라는 뜻이에요.

정답 46
뭐든지
- -든: 어느 것을 골라도 차이가 없는 둘 이상의 일을 나란히 쓸 때 쓰는 말이에요.
- -던: 과거에 있었던 일을 나타낼 때 쓰는 말이에요.

정답 45
안 어울려요
- 안: '아니'가 줄어든 말. 동작이나 상태를 나타내는 말 앞에 쓰여요.
- 않: '아니하다'가 줄어든 말. 동작이나 상태를 나타내는 말 뒤에 쓰여요.

정답 48
달라요
- 다르다: 서로 같지 않다.
- 틀리다: 셈이나 사실이 그르거나 어긋나다.

정답 47
잃어버렸어요
- 잃어버리다: 가졌던 물건이 자신도 모르게 없어졌을 때 쓰는 말이에요.
- 잊어버리다: 알았던 것을 기억하지 못했을 때 쓰는 말이에요.